子育ては心理学でラクになる

メンタリスト
DaiGo

1日3分！
子どものやる気・
将来育成術

主婦と生活社

私に学問の素晴らしさを教え、育ててくれた、今は亡き最愛の母と、
母を育ててくれた、亡き祖母にこの本を、心からの感謝とともに捧ぐ。

お母さん達へ

「メンタリストＤａｉＧｏが子育て本？　子どもを育てたことがないのに、何がわかるの？」

もしかするとあなたは、この本を見てそう思ったかもしれません。

私にはまだ子どもがいません。

だから、この本の執筆依頼を受けたとき、私は断ろうと心に決めていました。

子育て経験のない自分が、偉そうに子育てについて語る資格はない、実際に子育てに奮闘しているあなたのような方々、そして、私を育ててくれた母や父に対して失礼だと思ったからです。

しかし、家についてから何げなくスマートフォンを見ると、私の発行しているメルマガにこんなメッセージがきていました。

「11歳になる息子がいるのですが、注意ばかりしていて、何気ない会話がなくなっていることに気づきました。そこで、ＤａｉＧｏさんの本に書かれている心理学をいくつか試してみると、息子との自然な会話が増え、親子の関係が少しずつよくなっていったんです。今ではまるで友達のように話せるようになりました。一番驚いたのは、あれほど勉強しなさいと言ってもやらなかった息子が、自分から机に向かうようになったことです。ゲームを手放さなかった息子が、今では本を読んだり、家族と一緒に会話したりするようになり、塾の成績も良くなりました。本当にありがとうございました！」

私は衝撃を受けました。

日常的なコミュニケーションの例として、親子の例を出したことはあっても、それは単なる親子の会話、コミュニケーションの話であって、子育ての話ではありませんでした。

一体どの本を読んだのだろう？　そう思い、「どんな本を読まれたのですか？」とメッセージを送ったところ、返信がありました。なんと、その方が読んでいたのは、自分と相手をいかにコントロールしていくか？ということを〝ビジネスマンに向けて〟書いた本でした。

メッセージをくださった方は、この方法を子育てに応用してみるという、大胆な行動をされたというのです！

我が子のためであれば、ビジネス本に書かれている内容ですら、子育てに生かそうとする、本当に母親というのは偉大な存在だと思いました。

私は目頭が熱くなりました。３年前に亡くなった母のことを思い出していたからです。

母も読書家で、家にはたくさんの本がありました。もしかすると、私を育てるために、忙しい合間にさまざまな本を読んでいたのかもしれません。

そんなことも知らずに、この歳を迎え、そのことについて感謝すら伝えることができなかった。そう思うと涙が出てきました。

私の母がそうであったように、今まさに子育てに奮闘するすべてのお母さんのために何かできることはないだろうか。

私は、子育てについてリサーチを始めました。

そして、子育てに忙しくて、本を読む時間もないお母さんがほとんどで、やっと時間を見つけて、子育て本を読んでも実際に役に立たない理想論や、科学的根拠の乏しい根性論や単なる個人の体験について書かれていたりする本が多いということを知りました。

そこで、この本では一般的な子育て本とは異なり、お母さんの人生をより豊かなものにする心理学も盛り込みました。

きっとあなたはこの本を読むのに、忙しい家事の合間などの貴重な時間を割いていただいていることと思いますので、前置きはこれくらいにしておきますね。あとは本文をご覧ください。ご意見なども受け付けていますので、お気軽に私のメルマガやＳＮＳにメッセージをいただければ幸いです。

身を削って私を育ててくれた私の母への感謝と、
今まさに子どもを育てているすべてのお母さんへの感謝と敬意をこめて。

メンタリスト　ＤａｉＧｏ

子育ては心理学でラクになる

目次

3章 集中できる子ども部屋のつくり方とは？

5章 将来の可能性を広げるマインドマップ …143

1章

なぜ子育てに心理学が必要なのか？

75・6%の親が子どもにイライラしているという事実

今、子育て中のお母さんたちはどんな気持ちで子どもと向き合っているのでしょうか。これについて、文部科学省や自治体などの公的期間からインターネットサイト、幼児向けの通信教材を販売している企業など、「子育て」についての調査はあちこちで行っています。

アンケートを実施した機関はさまざまですが、その結果には共通点があります。「わかっているけれどイライラしてしまう」「感情的になってしまう」「子育てに自信が持てない」。ある自治体のアンケートでは、「言うことを聞かない子どもにイライラする」と答えた親が75・6%もいました。「子育てがイヤになるときがあるという親が95%以上」と出たアンケートもあるのだとか。

ほとんどのお母さんが、子育てに自信が持てず、たびたびイライラして、そして子育てがイヤになっていることがわかります。

つまり、あなたが今子どもにイライラしたり、「もうイヤ！」と放り投げたくなることがあったとしても、ひどい罪悪感にとらわれることはありません。

それは、「よくあること」なのです。

とはいえ、「子どもに対してイライラするのは当たり前」として放っておいてよいわけでもありません。

アメリカの教育情報誌『チャイルド・ディベロップメント』によると、「乳幼児期をイライラした家族に囲まれて過ごすと、実年齢より幼くふるまい、成長してから問題を起こすようになる」という傾向が多く見られるのだとか。同誌では、親の心理状態が荒れていると、親子の間で穏やかな関係をつくることが難しくなり、子どもの感情的な成長が阻害される、と結論づけられています。

子育てをしていてイライラするのは特殊なことではありません。けれども、「親がイライラしていると子どもがうまく育たない」というのも、真実。子どもが健やかに成長するには、やはり親の接し方が第一なのです。

なぜこじれた親子関係に気づかないのか？

イライラばかりしている親に育てられた子どもはいつしか親の言うことを聞かなくなります。それは、親の暴言で心が傷つけられるのを守ろうとする、防衛本能の表れです。なのに「いつまでたっても子どもが反抗的」としか見えない親は、子どもの反抗に負けまいとしてより強く、激しく怒るようになります。力でねじ伏せようとする、まさにバトル。

その結果、親のほうが疲れてしまい「わかった、あなたの好きにしなさい」と白旗を上げてしまうケースがあります。そのまま子どもを放置するようになるのは問題ですが、白旗を上げた結果、ありのままの子どもを受け入れるようになると親子関係はとてもうまくいくことが多いようです。成長して大人になったとき、「反抗期のときはすごかった」と笑い合えるような関係が待っていることでしょう。

しかし、問題なのは親の怒りに子どもが屈してしまうこと。親が勝ってしまうという、不幸なケースです。

こうなると子どもは親の言うことに無抵抗で従うようになります。完全に親に支配された状態です。一見親の言うことを聞くいい子に見えますが、その実態は「自分」を持たないうつろな存在。自分の意志で自分の人生を切り開いていくことも難しくなってしまうのです。

子どものそうした性格に対し、親が自分の過ちに気づけばまだ幸運です。しかし、そうではない場合、本来子どもが自分で決めるべきことのすべてを、親が決めるようになってしまいます。「あなたはこれのほうがいいわよ」という具合に。

こうなってしまうと、友達関係もうまくいきません。そして、最終的に無気力でコミュニケーションがうまくとれない、問題の多い大人になってしまいます。

親が子どもを支配してしまうことに、もうひとつ問題があります。

それは、親が子どもに対して過剰な期待を寄せすぎてしまうこと。子ども自身も、自分の意志に反していても「親がそういうなら」と期待に応えようとしてしまうのです。万一、親にお尻を叩かれながらがんばって目標を達成したとすると、次はさらに高い目標が設定されます。支配的な親が子どもの進路を考えたとき、親の期待はどんどんレベルアップしていくのです。

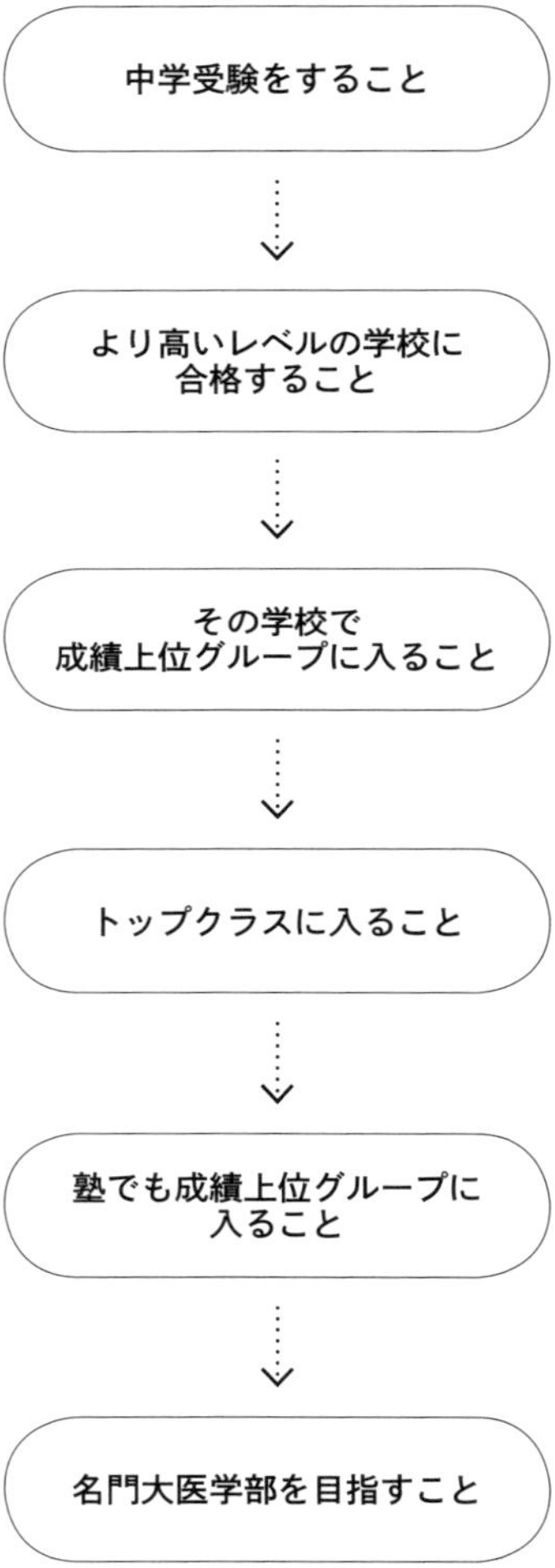

こんな具合に「もっと上に行けるはず」と期待をかけることは、親にとって愛情かもしれません。しかし、子どものココロはギリギリの線で溺れかけているかもしれません。「もっと」と言われることは、子どもにとっては「こんなにがんばってもまだ足りないのか」という絶望感と、「期待に応えられない自分はダメなのか」という自己否定感につながるだけ。

絶望感と自己否定感は心に深く刻み付けられ、生涯に渡る苦しみの根源となります。親に認めてもらえなかった子どもは心が満たされないまま育ち、自分が完全な存在だと信じることができません。この不完全感は大人になっても続きます。そして、運よく子どもを持てたとしても、その子に対して同じことをしてしまう…。

これでは悲劇の連鎖です。

もし「子どもが親の言うことを聞かなくて困っている」と悩んでいるなら、まだ問題は始まっていません。「どうにかして親の言うことを聞くようにさせたい」という考えは、ここできれいに捨て去ってほしいのです。

解決しなければならないのは、「なぜ親の言うことが聞けないのか」という子どもの問題と、「なぜ子どもに聞いてもらえないのか」という親の問題、この2点です。

2週間あれば、子どもと夫にイライラしなくなる!?

子どもの立場から考えてみましょう。

Aというおもちゃで遊んでいたのにBが目に入ったとたん、Aを放り投げてBへ、そしてCが目に入ればBを放り出してCへ…というように、年齢が低いほど、子どもは自分の興味のおもむくままに手を出すものです。新しいものに興味が移れば、その前に遊んでいたものなど、見向きもしません。

こんなふうに興味の対象が次々と変わるのは、勉強中でも同じこと。ちょっとでもつまずいたり、マンガやゲームなど楽しそうなものが目に入ったとたん、「ちょっとだけ…」とわき道にそれ、それきり戻ってこなくなります。

幼い頃は興味の対象が新しいものに移ったら、もう前に取り組んでいたものなどすっかり忘れてしまいますが、成長に従い、完全に忘れることはなくなります。頭のどこかで「あー、さっき遊んだアレ、片づけなきゃ」とか、「マンガなんか読んでないで、勉強しなきゃ」といった具合です。

ところが、親が注意するのはまさにこのタイミング。「使わないおもちゃは片づけなさい！」「勉強中にマンガを読むなんて、何なの⁉」と。

そのとき子どもから、「わかってるって！」「今やろうと思ってたのに！」という言葉が返ってきてイラッとしたことがあるでしょう。それは決して「口応え」ではありません。彼らは本当に「わかっている」のです。ただ、やる気にはなれなかっただけ。

なぜ「やらなければならないことがある」とわかっているのに、やる気になれないのでしょう。それは目の前にある楽しいほうを選んでしまったから。片づけよりも遊び、勉強よりもマンガ、そして面倒なことはいつも後回し…。

どんなに楽しそうなことや、おもしろそうなものが目の前にあったとしても「やるべきことは、きちんとやる力」が子どもには必要です。それがあれば、面倒なことを後回しにすることも、「指摘されて逆ギレ」することもありません。

つまり。子どもが「やらなければならないことを、きちんとやる」ことができればいい。このように決めたことをやり通す力を「意志力」と呼びます。

次に、親である自分自身のココロにスポットを当てます。

親が子どもに言うことを聞かせたいのは、第一にそれが正しいことだと理解しているからです。「絶対にやったほうがいい。先々に必ず役に立つことを子どもに伝えているのに、その重要性に気づこうともせず、反抗ばかりする…」。イライラの原因は、そこだと考えていないでしょうか。親がイライラするのは当たり前のことであり、悪いのはイライラの原因をつくる子どもだと。

これはある意味で正解です。しかし、正しいことだからと口やかましく言って従わせようとし、聞かないと怒りを爆発させるのは、まるで昔の軍隊のようですね。こうした関係の行き着く先が幸せな親子関係とは到底思えません。


では、子どもの自主性に任せればいいのでしょうか。

もちろん、いずれ「このままではいけない」と気づくときはきます。その一方で「ラクなほうがいいや」とだらけきってしまい、大人になってから「あのとききちんと勉強しておけばよかった」「ちゃんとした生活習慣を身につけておけばよかった」と後悔するケースが多いことも、また残酷な真実です。

自分の子どもにそんな人になってほしくないからこそ、あなたは口うるさく「勉強しなさい」「きちんとしなさい」と言い、イライラし、そして自己嫌悪に陥ってしまうのです。

高圧的に従わせようとするのも、「自主性」に任せて放っておくのも、結果的に子どものためにならない。だとすると、どうすればいいでしょう。

実は、話は簡単です。

・子どもが聞いてくれないのなら、子どもが聞いてくれるような言い方、導き方をすればいい。
・「子どもに対してイライラしてしまう」という一番大きな問題については、イライラしなければいい。

たったこれだけのことなのです。「口やかましく言うのをやめる」「イライラするのをやめる」のふたつを実行すればいいだけ。

「それができれば苦労しない」と言うかもしれませんね。でもそれは、あなた自身が「自分でやると決めたことをやり通すことができない」と宣言していることにほかなりません。つまり、こちらも「意志力」の問題になります。

子どもの将来がわかる「マシュマロテスト」

成功した人には、夢や目標に向かって努力し続ける強い「意志力」の持ち主が少なくありません。それは子どもの頃から一貫していて、中には変わり者と呼ばれながらも自分の好きな道を追い求め、大きな成功を収めた人もいます。ビジネスの世界でも学問や研究分野の世界でも、意志力は目的を達成するために欠かせないキーワードです。それは、子ども時代の習慣から形成されていくもの。子どもの頃の習慣が大人になったときに成功するかどうかを決める、といってもいいでしょう。

ここに、子ども時代の意志力が将来を決定づけることを証明した、おもしろい実験があります。

スタンフォード大学の心理学者、ウォルター・ミシェルは子どもの忍耐力に関するある実験を行いました。対象は4歳の子ども。ひとりずつ部屋に入れ、マシュマロをひとつ置いてから、マシュマロは好きなときに食べてもいいが、実験者が戻ってくるまで食べずに我慢できたら、もうひとつもらえる、と約束をしてから部屋を出ていきます。

さあ、子どもはどうなったでしょう。

実験者がいなくなったとたんに食べてしまった子もいれば、一生懸命耐えたものの最後までは我慢できず、途中で食べてしまった子もいます。見事成功してご褒美のマシュマロをもらえた子どもは、他のことで気を紛らしてマシュマロの誘惑に耐えていました。

おもしろいのはその後です。この実験が行われてから数十年間に渡って、実験に参加した子どもたちを追跡調査したところ、はっきりとした傾向が表れていました。

マシュマロの誘惑に我慢できず途中で食べてしまった子どもは、学校内外で他の子どもたちより問題を起こしていたのです。それに比べて我慢してご褒美をもらえた子どもは、そうでない子どもに比べて全米共通の大学進学適性試験の成績が高く、成長しても友達や教師に好かれ、給料の高い職業についていたのです。さらに、肥満度も我慢できなかった子どもより低かったのです。

これは、子ども時代に身についた意志力が、その後の人生を決定づけること、子どもの頃から衝動や誘惑に負けないよう自分をコントロールできれば、成功した人生を歩める可能性がとても高いことを証明しています。

この話を聞けば、おそらくすべての親が同じことを思うはずです。「自分の子どもにも『意志力』を身につけさせなければ」と。

しかし、まだ遊びたい盛りの子どもに「意志力」を身につけさせるのは至難の業。「強い意志を持ちなさい」「自分で決めたことは最後までやり通しなさい」と言ったところで、通じるものではありません。なぜなら、まだ子どもなのですから。

仮に言ったところで子どもは混乱するばかりでしょうし、言われたことを守れるはずがありません。そして、親はイライラ…と、またあの悪循環が始まるだけです。

こんな苦労ばかり多くて結果が出にくい挑戦よりも、もっと簡単で確実に子どもの意志力を高める方法があります。

それは、あなた自身、つまり親の意志力を高めることなのです。

考え方、習慣、肥満、これはすべて親から子どもへ感染する

人は、無意識のうちに周囲の影響を受けながら日々を生きています。

ハーバード大学の調査によると、友達が太ると自分も太るリスクが171％も増えるといいます。また、バイトを始めた友達がいると、自分も休暇中にバイトを始めたくなり、ゴミを放置しておくと多くの人がその場所でポイ捨てを始めるなど、「他人の行動に影響されて自らの行動が決まる例」は数限りなくあります。

これを「感染」と表現したのは、スタンフォード大学の新進気鋭の健康心理学者、ケリー・マクゴニガルです。友達が太る例は肥満の感染、バイトの例は目標の感染、ポイ捨ての例はマナーの感染と言えるでしょう。

自分で決めたことをやり遂げるには、「意志力」が必要なのは言うまでもありません。しかし、「意志力」は個人的なものである一方で、周囲の影響を強く受けるもの。つまり、周囲に意志力が強く、何かに向けて努力し、挑戦する人がいれば、その影響を受けて自分も意志力を試すチャレンジを始めることができますが、反対

に、意志が弱く、すぐにラクなほうに流れてしまう人が周囲にいては、どんなに崇高な決意があったとしてもそれをやり通すには大きな困難が伴うに違いありません。

つまり、意志力とは感染するものなのです。

子どもの場合は、特に感染力が強いのは、日々の日常を共有している家族です。家族の中に、意志力を強く持ち、何かをやり通そうと日々挑戦している人がいれば、自分も何かを始めようとすることができます。

「ミラーニューロン」という言葉を聞いたことはないでしょうか。これは脳に多く存在する細胞で、他人の行動や考えていること、感情に対して注意を払い、理解し、同じことをしたような感覚を作り出す働きがあります。

たとえば、悲しい出来事があって涙している友達を見ると、まるで自分にもその悲劇が襲ったかのような感覚に襲われ、涙する。また、家族が怪我をして痛がる姿を見ると、自分自身も痛みを感じる。こうした現象は、すべてミラーニューロンの働きによるもの。まるで周囲の人から病気がうつるように、感情や感覚も感染するのです。

同じことが意志力にも起こります。

よりよい自分になるため、自然な欲求や衝動を抑えようとすること。日々の習慣を変えようとすること。それらの努力すべてが、周囲の人、特に家族に感染していきます。つまり、あなた自身がする意志力のチャレンジは、あなた自身によい効果を与えるのはもちろん、家族に、特に子どもへと感染します。

よい習慣が身につかないのは、「子どもに意志力がない」ことに原因がありました。「意志力を持ちなさい！」と言っても、子どもが変わる可能性は低いもの。ですが、あなた自身が意志力を持って何かを始めれば、それは必ず子どもへ感染し、子どもの意志力を高め、必ず子どもは変わり始めます。

考えてください。やるべきことをやらない子どもを変えようとしても、それはストレスがたまるばかりでさっぱり効果が上がりません。ほとんど「言うだけムダ」です。かといって放置すると、マシュマロの実験に失敗した子のように、だらしのない大人になる可能性は大。つまり、子どもを変えようとしても意味がないのです。

ところが、親である自分自身を変えようとするのは簡単です。自分で決め、実行すればいいだけですから。

その姿を見せることであなたの意志力が子どもに感染し、子どもの意志力が高まり、マシュマロを我慢した子のように将来の成功が見えてくる。

これ以上簡単で、効果的な方法はないですよね。

・誘惑に負けず、自分が決めたことをやり遂げること。
・自分の望みを見失わず、それに向けて実践できること。

こんな子どもになってほしいと願うなら、まず始めるのは自分自身のチャレンジ。よりよい自分になるばかりか、子どもまで成長を遂げる一石二鳥の方法です。

2
章

イライラしない子育ての秘密が明らかに！

なぜ子育てが上手な人は、ダイエットも成功するのか？

「意志力」と聞いて真っ先に浮かぶのは、おそらく「我慢・忍耐」という言葉。ダイエットのために甘いものを我慢する。優しい親になるため、子どもに怒るのを我慢するなど、「意志力」とは、こうした我慢の連続だと思われています。そのあげく、「我慢し続けるなんてムリ！」とか、「我慢ばかりの人生なんて虚しい」などと言って、「こうありたい」という希望や、せっかく自分が立てた目標を諦めてしまう。そして「なんて意志の弱い私」と自己嫌悪に陥って苦しむのです。つまり、「意志力」とは、自分で決めたことをやり遂げるための力

冷静に考えて「こうしたほうがいい・こうあるべきだ」と決めたことに向かうためには、「怠けたい」という気持ちを我慢したり、本能のおもむくまま食べたくなるのを耐えたり、子どもに対して瞬時にカッとなる感情を抑えなければなりません。それは言い換えると、「自分をコントロールすること」と言えます。

フロリダ州立大学社会心理学の教授、ロイ・バウマイスターはこう言いました。

「円満な家庭、恵まれた友人関係、満足のいくキャリア、健康な体（中略）何にせよ、それを成し遂げるには2つ資質が必要とされる場合が多い。（中略）それは、知能と、自己コントロール能力である」と。

何かを実現しようと思ったら、一度やると決めたことをやり遂げる「意志力」が必要です。それは、サボろうとする欲求を抑えると同時に、さまざまな誘惑に屈しない自己コントロール力と、目標に向かう集中力を生み出します。

これらを高めて目標達成のために、そしてよりよい自分になるために必要な力を、「ウィルパワー」と呼びます。

ウィルパワーには「生まれつきの強さ」があるかもしれません。

しかし、安心してください。ウィルパワーは鍛えることができます。それはトレーニングを続ければ、ひ弱な人でも筋力がつくのと同じ。自分の中で眠っているウィルパワーを鍛えることができれば、子どもの行動でイライラすることも、おなかがいっぱいなのにケーキを食べてしまうことも少なくなります。

母親が変わることで、子どもも変わっていくのがわかるでしょう。

ウィルパワーのトレーニング方法を説明する前に、まず「ウィルパワー」がどんなものか、説明します。

子育ての成功を決めるウィルパワーとは？

ケリー・マクゴニガルによると「潜在能力を引き出す力」には、3種あります。それは「やる力」「やらない力」「望む力」の3つの力です。

「意志力」という言葉から真っ先に浮かぶのは、先にも説明したとおり「我慢・忍耐」です。ダラダラとテレビを見ている子どもを怒鳴りつけたいのを我慢したり、チョコレートを買い物かごに放り込むのを思いとどまったり、バーゲン会場に入らないようにしたりと、さまざまな誘惑をきっぱりと断ち切ることには、強い意志が不可欠だと感じていることでしょう。

これが、「やらない力」。

目標を達成するため、なりたい自分になるため、人は湧き上がる衝動のまま行動したり、感情を爆発させることを自分に禁じます。「これはやってはいけない」と。この自らに課した禁止事項を守り抜き、決して実行に移さないようにする力が「やらない力」。禁煙を決意したら煙草を吸わない、やせようと決めたらケーキは食べない、貯金すると誓ったら外食を控えるなど、自分が決めた禁止事項を守るためには、「やらない力」は欠かせません。

しかし、「やらない力」だけでは、つまり燃え上がる衝動（「間食したい！」「子どもを怒鳴りつけたい！」「ネットショッピングしたい！」など）を抑え込んだだけでは、目標を達成することはできないし、夢を実現するのは難しいもの。ひたすら我慢して耐えるだけでは前に進めません。

そこで必要になるのが「やる力」。

願望を実現するために必要な行動を実行する力で、湧き上がる衝動を抑えつつプラスの効果を引き出します。

ダイエット中にスイーツバイキングに行ったと仮定すると、ケーキを選ばないようにするのが「やらない力」、ノンカロリーのゼリーを選ぶのが「やる力」。あるいは疲れて帰宅し、「毎食必ず料理する」という決意が鈍りそうになったとき、デリバリーピザを頼む誘惑に勝つには、「ピザを頼むことは〝やらない〟」力と、「たとえ簡単なものでも料理を〝やる〟」力を同時に発揮させます。

このように、「やらない力」と「やる力」は車の両輪のように働いて誘惑に打ち勝ち、よりよい行動へと導いて、自分の決意をより強固なものにしてくれるのです。

さらに、「やる力」「やらない力」を発揮させるために欠かせないのが、「望む力」。

どんなことでもより具体的に理想像を思い浮かべ、強く望むことが目標達成には欠かせません。たとえば、単に「貯金する」だけでは目標が漠然としすぎているため、何かのきっかけでほしいものと巡り会ったときにあっけなく散財してしまうもの。ところが「今度の夏休みは家族で北海道に行く」と具体的な目標を立て、「旅先で楽しい時間を過ごすこと」を強く望んだら、ちょっとやそっとの誘惑に負けて散財してしまうことはなくなります。

「望む力」は「やる力」と「やらない力」の原動力となって、自分を目標へと導いてくれると考えてください。

では、「やる力」「やらない力」「望む力」を身につけると、人はどんなふうに変わるのでしょう。

まず、やらなければならないことを、きちんとやるようになります。

そして、やってはいけないことを、やらないようになります。

さらに、目標を立て、計画的に行動できるようになります。


その結果、どんなことが起きるでしょうか。

子どもに対してイライラしなくなり、子育てがうまくいくようになります。

さらに、目標を実現できるようになり、人間関係もうまくいくため、自分自身の人生もうまくいくようになります。

それだけではありません。親の状態は子どもに感染するため、いつの間にか子どもにもウィルパワーが身についてしまいます。

では、ウィルパワーを身につけるとどんなことが起きるか、説明しましょう。

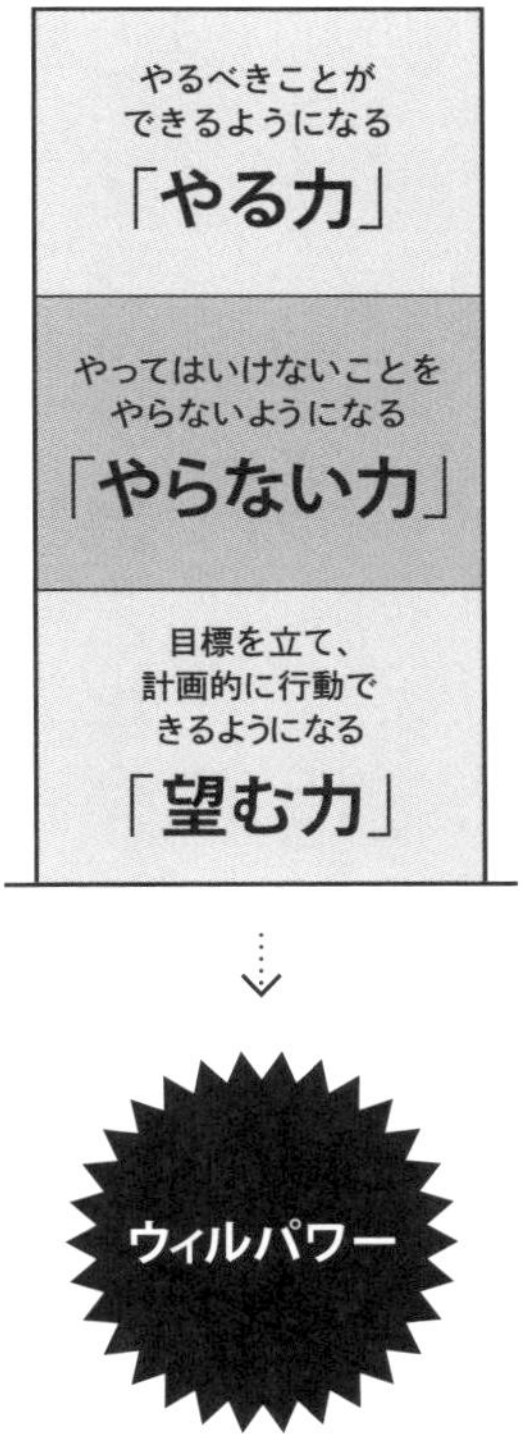

「３つの力」で、あなたの人生は必ずうまくいきます！

メリット1――イライラしなくなる

ウィルパワーを身につけて、真っ先に得られるメリット、それはイライラがなくなるということです。

親の言うことを聞かない・やるべきことをやらない・やってはいけないことばかりをする子ども。または話を聞いてくれない・約束を守ってくれない夫。あるいは要領の悪い店員やマナーの悪い他人…。

今まで「イライラの元」でしかなかったさまざまな人の言動に接しても、心が乱されることがなくなるのだから、精神的にラクになるのは間違いありません。

では、なぜイライラがなくなるのでしょう。

それはウィルパワーを通して「自己コントロール力」が手に入るからです。

やるべきこと・やってはいけないことを理解し、実行できるようになるにつれ、次第に自分の感情を自分の意志で無理なく抑えられるようになり、その結果、周囲で人がどんな行動をしようと、そして自分の思い通りにいかないことがあっても、ムダにイライラすることがなくなります。

今までは「感情的になって子どもを怒ってしまう」「人の言動がいちいち気になる」と、イライラは自己嫌悪を招いていたはずです。しかし、自分をコントロールでき、イライラしなくなることで感情がかき乱されるだけではなく、自己嫌悪がなくなるのです。

・人のやることを優しく受け止める＝「やる力」
・ささいなことでイライラしない＝「やらない力」
・穏やかで寛容な心を持ち、自分を好きになる＝「望む力」

その結果、自分に自信が持てるようになり、自分のことを好きになれる。

これは充実した人生を送るために欠かせない要素。ウィルパワーがもたらす最大のメリットといえます。

メリット②——ダイエットに成功する

ウィルパワーが身につくと、今まで挫折していたダイエットがうまくいくようになります。それも、今までのように我慢を重ねる必要がありません。言ってみれば、「いつの間にかダイエットに成功してしまう」のです。

その理由は、「やる力」「やらない力」「望む力」の3つのパワー。

ダイエットに必要な条件は、この3つのパワーにぴったりと重なります。

・食事をローカロリーでヘルシーなものに切り替え、運動を始める＝「やる力」
・甘いものや高カロリーのものは食べない＝「やらない力」
・やせたら着たい服、行きたい場所など目標を立てる＝「望む力」

どんなダイエット方法も、3つのパワーなしに成功はできません。いわば、ウィルパワーはダイエットを成功させるための絶対条件と言えるのです。

ダイエットだけではありません。資格取得や転職など、「目標に向かってコツコツとがんばる」ことに関して、ウィルパワーは実現の原動力になってくれます。

これは、子どもも同じこと。たとえば成績アップや志望校合格などの目標を立ててコツコツと勉強をがんばるときは、ウィルパワーが欠かせません。

「目標を立てたことはたくさんあるけれど、実現したことはない」「決意はいつも三日坊主」。こんな経験ばかりが続くと、自己嫌悪に陥り自己評価も下がるばかりでしょう。「意志が弱いから」と嘆くのはもう終わり。ウィルパワーを身につけて「実現できる自分」になってください。

メリット③―夫との関係がよくなる

先に説明した「イライラしなくなる」効果による好影響は子育てだけではありません。それは夫婦関係にもよい影響を及ぼします。

夫婦関係を円満にする秘訣は「我慢」だと言う人がよくいます。

確かに、相手の気持ちも構わずに思ったことをズバズバ言ったり、自分の感情のままにふるまったり、相手の領域にいちいち干渉しているようでは、夫婦関係がうまくいくはずがありません。

そのため「感情的になりそうな気持ちを抑え・言いたいことを飲み込み・相手がすることに目をつぶる」と、そこに表れる言葉は「我慢」になってしまいます。ですが、「我慢」を重ねるとストレスになり、ストレスが多い関係はうまくいくはずがありません。つまり感情を表しても我慢しても、夫婦関係はうまくいかないのです。

これをウィルパワーでコントロールするのです。

・相手の気分がよくなるようなことをする＝「やる力」
・相手が気分を害するようなことはしない＝「やらない力」

・夫婦関係を理想的な形に近づけようとする＝「望む力」

自分をコントロールすることができれば、夫の行動に対していちいちイライラしなくなります。しかも、ごく自然に相手を思いやる行動ができるようになります。

もしかしたら「理想の夫婦」を夢見たのは、新婚当初だけだったかもしれません。しかし、ウィルパワーを手に入れることで、もう一度理想を思い描き、それに向けて行動することができるようになるのです。

そして、忘れないでください。ウィルパワーは感染します。

あなたが夫婦関係をよくする行動をするようになったら、必ず夫も同じようにふたりの関係がよくなる行動を始めるようになります。

ひとりが我慢することで夫婦関係はよくなりません。

お互いがウィルパワーを得て自分をコントロールし、お互いを思いやる行動を始めること。それが夫婦関係をよくし、幸せを運んでくれるのです。

メリット④ — 子どもが成功する

ウィルパワーを高めることでイライラがなくなり、目標が達成できるようになり、夫婦関係がよくなることはおわかりでしょうか。

お母さんがこの状態になったとき、子どもに何が起きるでしょう。

まず、お母さんのウィルパワーが感染し、「ウィルパワーを持った子ども」に生まれ変わります。

それにより、子ども自身が目的意識を持って勉強に取り組むようになり、やると決めたことをきちんとできるようになります。

そして、ひとたび「やらない」と決めたことはやらないようになります。つまり、遊びや怠けといった誘惑に屈しないようになるのです。

しかも、誰かに強制されてやっているのではなく、自分のウィルパワーに基づいた行動なので、ストレスを感じることがありません。だから、最後までやり通すことができます。

自ら目標を立て、自分の意志でやり通せること。そしてそのことに対してストレスがないこと。それが、人生を成功させるために欠かせない力です。

・勉強や早寝早起きなど、正しいことをする＝「やる力」
・サボりたくなっても途中で投げ出さない＝「やらない力」
・入りたい学校、つきたい職業など目標を立てる＝「望む力」

「人生を成功させる」とは、なんだかとても曖昧に聞こえるかもしれませんね。

お金持ちになるとか、社会的な名声を得るなど、「成功」の形は人によってさまざま。それぞれの人に、それぞれの「成功」があることでしょう。

しかし、共通しているのは「他人に押し付けられたものではなく、自分で決めた目標を実現させ、心から満足できること」ということではないでしょうか。


あなたが始めたウィルパワーへの挑戦が子どもに感染し、子どものウィルパワーを高めて将来の成功を導き出す…。

それは、とても理想的な子育ての最終形です。

メリット5 — 自分の時間がつくれるようになる

意志が弱い人の特徴に「いつも時間が足りない」があります。

それは、意志が弱いため人の誘いを断れず、他人に振り回されてしまうことが多いため。親しい人との楽しい時間ならまだいいのですが、はっきり言ってどうでもいい人のどうでもいい誘いも断れず、「つまらないな」と思いながらムダに時間を過すことが多いのだとしたら、それは意志の弱さの表れです。

ウィルパワーがあれば、そうした「ムダな付き合い」がなくなります。

・時間を有効に使う、誘いがあっても断る＝「やる力」
・ムダなことに時間を使わない、ムダな付き合いをしない＝「やらない力」
・自分が本当にやりたいこと、付き合いたい人を見つけ、見極める＝「望む力」

「ちょっとした付き合い」を断つことは、思う以上に難しいかもしれません。それは、「孤独の恐怖」がつきまとうからです。ひとりぼっちになりたいと思っている人は、いないでしょう。

しかし、孤独を恐れることとムダな付き合いを続けて時間を捨てることのどちらがいいのか。ウィルパワーがあれば、決断できるようになります。

ムダな付き合いを断ち、無意味な誘いを断るようになったとしても、そのことで孤立するわけではありません。もちろん、自分が「ムダ」と思った人との縁は断ち切れるのですが、その代わりに安らぎや刺激を得られ、心から満足できる関係が生み出せるようになります。

いらない関係を断ち切る一方でよい関係を持てるようになる。そして自分の時間を持て、うまく時間が使えるようになる。

毎日が充実するに違いありません。

誰でもウィルパワーは手に入る

ここまで読んできて、「自分にはウィルパワーなんかないかもしれない」と思った人もいるかもしれません。

「やる力」はありそうだけれど、「やらない力」は自分にはない、と思った人もいるかもしれません。目標を立てて、やるべきこと・やらないことを決め、しっかりと自制できるのは意志力の特別強い人ではないか、と。

しかし先にも説明した通り、誰にでも「やる力」「やらない力」「望む力」は備わっています。しかも、それは「精神力」といった曖昧なものではなく、脳のある部分がそれぞれを担当して司っているのです。

人間と他の動物の脳を比べたとき大きく違うのは、額の後ろにある前頭葉の大きさです。人間のような丸くて広い額を持つ動物が他にいないことからもわかるように、人間は進化の過程で前頭葉が巨大化し、他の動物にはない能力を獲得しました。

前頭葉は「前頭前野」とも呼ばれ、「ヒトをヒトたらしめ、思考や創造性を担う脳の最高中枢であると考えられ」ています（「脳科学辞典」より）。特に重要なのは前頭葉の前側の領域、前頭前皮質で、原初は体の動きをコントロールすることが主な役割でした。そして、人類が進化するにつれて前頭前皮質はその領域を広げていき、それにつれてコントロール機能も増えていきました。最初は体を意のままに動かすことだけだったのが、次第に思考や感情までもコントロールできるようになっていったのです。

つまり、つまらないスピーチの途中でメールをチェックするのを我慢したり、退屈な仕事に取り組んだりできるのは、すべて前頭前皮質の働きのおかげなのです。

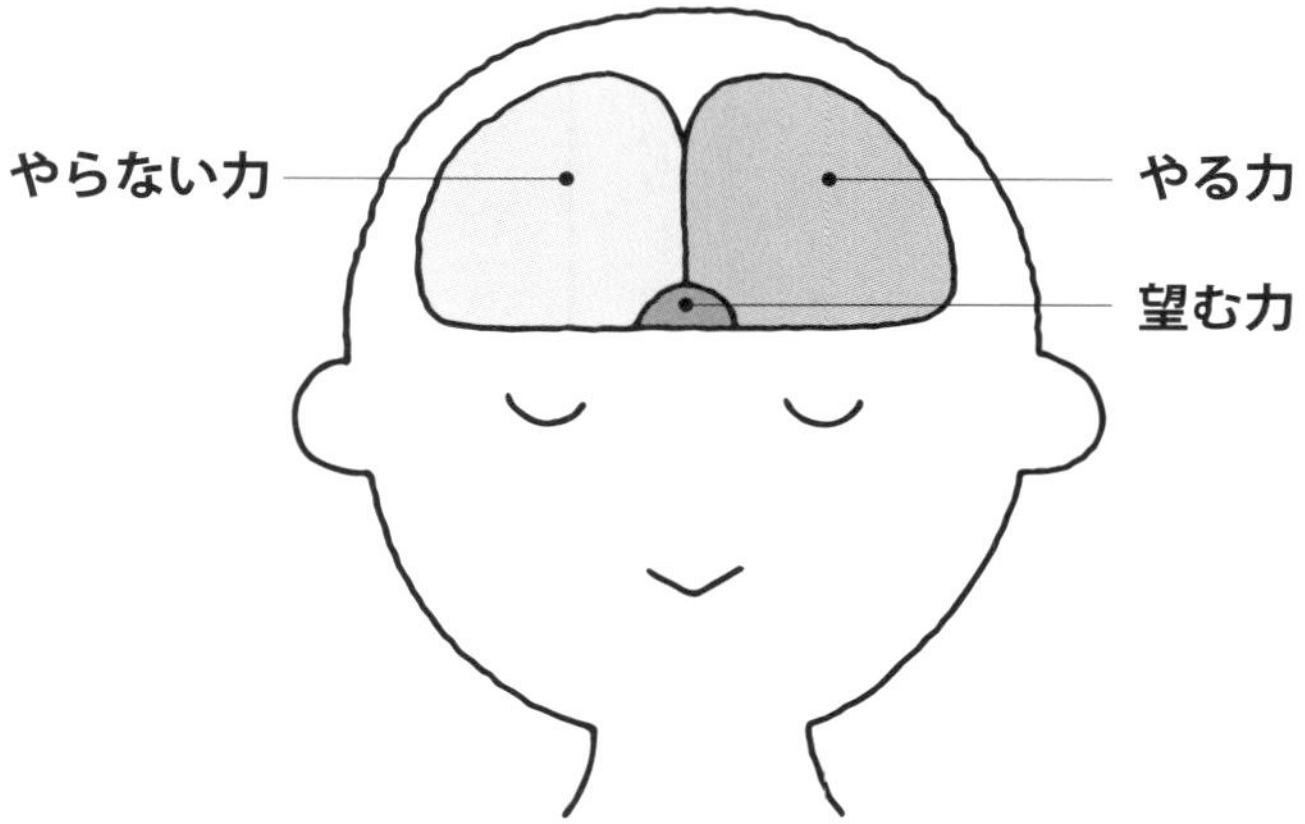

前頭前皮質は3つの領域に分かれています。まず、左上の領域は「やる力」を司っています。このおかげで、サボりたくても毎日運動したり、家事をこなすことができます。反対側の右上が司るのは「やらない力」。衝動や欲求に負けずにいられるのは、ここが働いてくれるからこそ。おかげで子どもを叱っているときに思い切り叩いてしまいたいという考えが浮かんだとしても、それを実行せずにいられます。

このふたつの領域は、その脳の持ち主の行動をコントロールしています。

それだけではありません。前頭前皮質の中央の下方には目標や欲求を記録する場所があります。たとえば「資格を取得する」「1年で100万円貯金する」「美しくなる」など、あなたの「こうなりたい」という姿がここに刻みつけられています。つまり、「望む力」はこの領域から生まれているのです。


前頭前皮質が司る力、つまりウィルパワーは進化の過程で獲得し、誰もが等しく持ち合わせています。なのに、ときどき「私は意志が弱い」「我慢できないタチ」といってしまう人がいます。いえ、誰もがそういうときがある、と言っていいでしょう。そういう人、つまり意志が弱く、自分をコントロールできない人は、前頭前皮質が小さいのでしょうか。進化しなかったのでしょうか。

いいえ、そんなわけがありません。

僕は「誰もがみな、ウィルパワーを持っています」と言いたいのです。ただ、それを生かしていないだけなのだと。

ウィルパワーを活用することができれば、さまざまなことがもっとスムーズに進められるようになるし、能力を開花させることができます。それだけでなく、人に対して、自分に対してイライラすることがなくなります。

次の項からいよいよウィルパワーをもっと生かす方法を説明します。

子育て中は〝誘惑〟に弱くなる

意志の強さは我慢強さだと考える人は、たくさんいます。衝動や欲求を抑えて理性を保つには、やはり「我慢・忍耐」が欠かせないのだと。

ダイエットを決心したときは、誰もがチョコレートやケーキは絶対に食べない、と誓います。もっと辛いと言われる「禁煙」や「禁酒」への挑戦も同様です。その人たちはときに人生さえ賭けて「煙草（またはお酒）は二度と口にしない」と固く心に誓っているはずです。

でも、それらの誓いは、本当に守られているでしょうか。大げさなくらい、「もう二度としない！」と宣言したときに限って、あっけないほど誓いが破られてしまいます。誓いを忘れたわけではないのにもかかわらず。

ダイエットや貯金、もしくは子どもへの接し方などの目標を立てたとき、たいていは「自分がどうするべきか」がわかっています。目標に対して何をしていいかわからない、なんてことはありません。だから、あとは目標達成に向けて、やるべきことをやるだけのはずですが…。なかなかこれがうまくいくとは限りません。

目の前に現れたバーゲン会場、新しいケーキ屋さん、そして反抗的な子どもの態度などを見たとたん、誓いはあっけなく破られる。そして、あとになって自己嫌悪にさいなまれつつ「つい…」と言い訳する。

その一方で、「やらない力」を発揮して衝動に打ち勝つときもあります。「○%オフ！」の文字を見ても、新しくできたケーキ屋さんの前を通っても、子どもが憎まれ口を叩いても、誓いが破られないときがあります。

同じものを見ても、誓いが破られるときと、しっかり守られるときがあることから「誓いを守ることができるかどうか」「自分をコントロールし、意志力を保つことができるかどうか」は、目の前に誘惑（親を怒らせたがっているとしか思えない子どもの行動も「誘惑」です）があるかどうかではないということがわかります。

このように同じようなことが起きているのに、目的達成にかなう行動ができるときとできないときがあるのはなぜでしょう。

目的を達成し、なりたい自分になるため、人間関係を良好に保つため、そしてなによりストレスの少ないよりよい人生を創るために必要なのは、意志力だけではありません。もうひとつ必要なもの。

それこそが「自己認識」。つまり自分自身を理解することです。

何かを決めるときに意志力が必要になるシーンは、一日のうちに何度もあります。そのとき、「私は今、意志力で何かを決めようとしている」と認識しなければなりません。もしそうしなければ脳は最も簡単なこと、すなわち迷わず誘惑に乗ることを選ぶでしょう。それが自己認識。自己認識がなければ、ウィルパワーを発揮することは不可能です。

その上で必要なのは、「どんなときに誘惑や衝動に負けるのか」に気づくこと。「食べたい！」「ほしい！」「怒りたい！」という衝動にかられたとき、「食べすぎない」「ムダ遣いしない」「優しい母になる」という誓いは消し飛びそうになります。このまま衝動に負けてしまうと、誓いはそのままなし崩しになってしまいがちです。つまり、今日負けた相手には、明日も負ける可能性が高い。

この勝負を決めているのが、自分自身の選択です。

ケーキは無理矢理口の中に飛び込んでくるわけでもないし、怒鳴り声は体の中にいる別人が出しているわけでもありません。自分自身がケーキを手に取って食べ、怒りの声を上げているのです。つまり、「衝動のおもむくままにふるまおう」ということを自分が選び、決めたのです。

では、なぜそんな選択をしてしまったのでしょう。「おいしそうなケーキを見つけたから」「子どもが憎まれ口を叩いたから」と言うかもしれませんが、それがすべてではありません。衝動や誘惑に乗ってしまったとき、人は「ついやってしまった」と言い訳します。でも、何もないところから「つい」は生まれません。何かしらの理由があり、「衝動や誘惑に乗る」という選択をしているのです。

ケーキを買い込んでしまったのは、むしゃくしゃすることがあったからかもしれません。子どもが傷つくような叱り方をしたのは、成績優秀な友だちの子どものことを思い出していたからかもしれません。

とにかくまずは、誘惑に負けてしまう理由を見つけることです。つまり、「どんなときに、自分は衝動や誘惑に負けてしまうのか」をきちんと認識すること。それは、「自分を知る」ことにつながります。

そして、原因を見つけたら、そうなってしまう事態を未然に防ぐことができるようになります。

それはきっと、買い物に行く時間を変える、イライラしているときや心配事があるときは買い物に行かない、他の子どもの話は一切聞かないとか、ささやかなこと。でもきっと、そのことで確実に自分をコントロールできるようになるはずです。

〈警告〉誘惑に負けやすくなる４つの状況

衝動や誘惑に負けてしまうとき、意志力が弱まり、自分をコントロールできなくなるときは、誰にでもあります。しかも、それに個人差はありません。どんな人にも共通する「ウィルパワーが弱くなり、衝動や誘惑に負けてしまうとき」があるのです。

●気が散っているとき

何か悩み事が頭から離れない状態のとき買い物に行ったとします。食料品をかごに入れながらも頭の中は悩み事でいっぱい、つまりうわの空。こんなときです、いつもは買わないチョコレートやポテトチップスを買い込んでしまうのは。

スタンフォード大学経営学部で「人はどんなときに誘惑に負けるか」を研究したところ、「気が散っているとき」という答えが出たといいます。

他のことに気を取られているときは、「やる力」も「やらない力」も働かなければ、「望む力」は眠ったまま。気づかないうちに衝動や誘惑に負けてしまいます。

●集中した後

自分の意に沿わないことを無理にするとき、人は驚くほど意志力を発揮して我慢し続けます。たとえば退屈なスピーチを我慢して聞かなければならないとき、隣の人とおしゃべりしたい気持ちや、スマートフォンをいじりたい衝動を必死でこらえます。このとき最大限に使われるのが、意志力なのです。

「5分間『シロクマ』について考えることを禁止される」という、心理学のおもしろい実験があります。この実験に参加した人は、時間差はあるものの最終的に全員が失敗してしまいます。そして、その後でパズルに取り組むと、好きなことを考えていたグループに比べて諦めるのが早い、という結果が出ます。それだけでなく、「悲しい映画を見て泣くのを我慢する」という実験にも失敗します。

自分の衝動や感情を抑え、ひとつのことに集中する状態から解放された後はいつもより感情の抑えが効かなくなって、いつもより怒りや悲しみ、喜びを感じやすくなったり、いつもならスムーズにできる作業ができなくなってしまうのです。普段なら我慢できる甘いものの誘惑にも負けやすくなり、子どもの行動がいつも以上に気に障り、しかも感情を爆発させやすくなります。

意志力は無限に湧いてくるものではありません。使えば使うほどなくなる、有限の資源なのです。

人間はひとつのことを我慢すると、他のことを我慢できなくなります。つまらないことで意志力をムダに使わないのはもちろんのこと、何かに集中したり、我慢するなど、意志力を使った後はしばらく休んで復活を待つ。あるいは意志力が弱くなっているのを自覚し、誘惑される場所に近寄らないようにするといいでしょう。もちろん､子どものやることに意識を向けないのも､「感情を爆発させたい」という誘惑から逃れるために必要です。

これらは心理学的な観点から見た意志力が弱くなる原因です。しかし、ごく単純な理由から誘惑や衝動に負けやすくなることもあります。生理学的な観点から見ると、次のふたつは意志の力を弱くする大きな要因となります。

●糖分が足りない

脳のエネルギー源はグルコース、つまりブドウ糖、すなわち糖分です。スイーツを禁止し、炭水化物を省くという「糖質カット」のダイエット法が話題ですが、糖分は決して悪者ではありません。実験でも、砂糖入りの飲み物を飲み、血糖値が上昇すると意志力が一気に回復することが認められています。同じ甘いものでも、糖分ではない人工甘味料ではこの結果は得られません。つまり、甘いものは意志力を持続させ、復活させることに役立つのです。ただし、逆効果になる場合もあるので、それは61ページで。

●睡眠不足

イギリスのハートフォードシャー大学のリチャード・ワイズマン教授によると、睡眠時間が7時間以降の人の60%が新年に立てた目標を達成できたが、7時間以下の人は44%しか達成できなかったといいます。

人は睡眠不足状態のとき、ストレスや衝動、誘惑に負けやすくなります。

自由自在に動くためにエネルギーが必要なのは、体だけではありません。脳も同じです。特にエネルギーを必要とするのは、前頭前皮質。「やる力」「やらない力」「望む力」を司る場所、ウィルパワーが生み出される場所です。

睡眠不足になると体や脳のエネルギー源である血液中のグルコースが細胞に吸収されにくくなります。前頭前皮質のエネルギー不足によって脳の他の領域に対するコントロールが失われ、ささいなストレスにも過剰に反応しやすくなり、自制が効かなくなります。

睡眠不足は脳をエネルギー不足にし、結果、ウィルパワーを衰えさせます。

ストレスを減らすには、この食事

意志力を強くする、自分をコントロールできるようになる、自分を変える。これらを達成するのは難しく、専門家の助けを借りるなど特別なことをしなければならない、と思っていませんか？

ウィルパワーは簡単なことで失われたり弱くなったりする一方、復活させることも、強くすることもできるのです。

●自分の行動を意識化する

特に気が散っているとき、無意識のうちに行動を起こしてしまいがち。そんなときは「やらない力」が眠ったような状態になっていて、いつもなら制御していることをやってしまいます。そうならないためには、自分がうわの空のときにどんなことをしがちなのか、パターンをつかんでおくことが必要です。たとえば、何か考え事をしていると足がスーパーに向かってしまうとか、夫に対して怒りを感じていると子どもに厳しく接してしまうなど、自分のパターンをつかむことで、感情をコントロールすることができるようになります。

●目標はひとつにしぼる

集中したあとはウィルパワーが弱くなります。これを別の角度から見ると、「ひとつのことにウィルパワーを使うと、違うことで自分をコントロールできなくなる」ということ。これは、「100メートル全力疾走した直後にサッカーの試合には出られない」ということとよく似ています。

つまり、ウィルパワーも体力や筋力と同じように、使えばなくなり、回復まで時間がかかるものなのです。

もしダイエットしたい、貯金したい、家族に優しくしたいなど、いろいろな方面で目標を立てたとしても、ウィルパワーが分散してしまい、どれも中途半端に終わってしまいます。目標を立てるときはあれもこれもと欲張らず、自分が最も優先したいことにしぼることです。

●GI値の低い食べ物を食べる

グルコース不足はウィルパワー不足を招くとはいえ、食べる糖類の種類によっては、逆効果になることもあります。

炭水化物が消化され、糖に変化する早さを相対的に表したものをＧＩ値（グリセミック指数）といい、ＧＩ値が高いものは血中のグルコース濃度を急激に上げた後、急降下させます。血糖値が乱高下すると、体は素早く糖質を補給しようとして、甘いものに手を伸ばすという悪循環が起こり、ウィルパワーも低くなってしまいます。ウィルパワーを常に一定にキープするためには、ＧＩ値の低い食べ物を積極的に取り入れることが大切です。

体内で血糖値が急激に増減すると、グルコースを体内の各細胞に運ぶ役割のインスリンの分泌量が多くなります。グルコースもインスリンも多くなると、体は余分な糖を脂肪として溜め込もうとします。これが肥満の原因です。

ＧＩ値の低い食べ物は血糖値を安定させ、ウィルパワーを一定に保つだけでなくダイエットにも効果的。次にＧＩ値の高い食べ物と低い食べ物を紹介しますので、日々の食事の参考にしてください。

・GI値の高い食べ物……白米、パン、じゃがいも、にんじん、かぼちゃ、小麦粉や砂糖を使った菓子類（ケーキ、クッキー、パンケーキ、チョコレート、生クリーム）。

・GI値の低い食べ物……玄米、そば、レタスなどの葉物野菜、きのこ類、大根やかぶなどの白い根菜、ナッツ類、生の果物、チーズなどの乳製品、魚、肉、はちみつ、オリーブオイルなど体によいと言われる油類。

●きちんと睡眠を取る

課題を終わらせようとするときや試験勉強をするとき、睡眠時間を削ろうとする人が多くいますが、これはいいやり方とは言えません。睡眠不足は脳のエネルギー不足を招き、判断力、決断力、意志力を失わせます。もしあなたが「最近ちょっとしたことでイライラする」「感情が高ぶりやすくなった」などと感じているとしたら、睡眠時間を振り返ってみることです。

22時から24時までに眠りにつき、目覚めたらカーテンをさっと開けて、朝日を浴びる。これだけでウィルパワーは復活します。

スマホを左手で使うだけで、イライラしなくなる？

衝動や誘惑に負けそうになったとき、あるいはウィルパワーが落ちてきたときにどうすれば「やる力」「やらない力」「望む力」を取り戻すことができるのか、前の項でお伝えしました。

でも、こう思いませんか？　「世の中には一度決めたら途中で気が変わったり諦めたりせず、最後までやり遂げる人がいる。あんなふうにはなれないの？」と。

筋力が強い人もいればそうでない人もいるように、ウィルパワーが強い人もそうでない人もいます。それは個人差としかいいようがありません。

しかし、筋力が弱い人でもトレーニングで筋肉を鍛え、パワーアップできるように、ウィルパワーも鍛えることができるのです。

社会心理学者のロイ・バウマイスターはウィルパワーを強化するより、効果的な方法を見つけるため、ある実験を行いました。集められた学生たちは3つのグループに分けられます。

1つ目のグループは、2週間姿勢に気をつけるよう指示されます。立っているときも、座っているときも、気づいたら背筋を伸ばすことに集中します。

2つ目のグループは、2週間食べたものをすべて記録するように指示されます。勉強中のつまみ食いやテレビを見ながら食べたスナックも、すべて記録します。

そして、3つ目のグループは2週間前向きな気持ちやポジティブな感情を保つことが求められました。暗い気持ちのときも元気を出すことが使命です。

そして2週間が過ぎたあと、学生たちは再び研究室に集められ、コメディ番組が流れるテレビの横でつまらない作業を黙々とこなすという、自己コントロールのテストを受けました。

すると3つ目のグループの成績が最も悪かったのです。前述した「ひとつのことを我慢すると、他のことが我慢できなくなる」を証明したといえます。

最も成績がよかったのは、「うつむかないで、背筋を伸ばしなさい」と命じられた1つ目のグループでした。姿勢は最も意識が及ばない行動です。猫背になってしまったり、すぐ肘をついたり、足を組んだりするのを、私たちは無意識で行っています。それを「背筋を伸ばす」と意識することは、想像以上に意志力を必要とし、鍛えることができる行為なのです。

姿勢以外にも、無意識の行動を意識化するトレーニングは可能です。たとえば、利き手と反対側の手を使ってみるのもいいでしょう。スマートフォンの操作をする、掃除機をかける、スイッチを押す、歯磨きをする…こうした日常動作のすべてを、右利きなら左手で、左利きなら右手でやってみるのです。一日中やるのはツラいというのなら、時間を決めて行ってもいいでしょう。

このように、どんなことでも構いません。小さな習慣をつくることが大切なのです。

簡単にできるトレーニング方法はまだあります。すぐにでも実践できるものとしておすすめなのは、話し方を変えること。

・「あれ」「それ」という指示代名詞をやめ、固有名詞を使う。
・「～みたいなのよね」という曖昧な言い方をやめてみる。
・否定語を一切使わない。

たとえば、「ダメよ」をやめて、「テレビばかり見ていると、目が悪くなっちゃうんじゃない？」というように。これは衝動を抑える訓練になります。

日本語は便利な言語で、話し言葉はきちんとした文章になっていなくても通じてしまいます。たとえば「塩」と言っただけで塩の小瓶が手渡されるなど、家の中では単語しか口にしない、ということも通用してしまうほど。
これを「正確な文章で話す」と意識化するだけでも、多大なコントロール力が必要になり、ウィルパワーが鍛えられます。

あなた自身がさまざまな方法でウィルパワーを鍛えようと挑戦し続けることは、子どもに多大な影響を与えます。親ががんばっている横で、自分だけだらけていようとは思えず、知らず知らずのうちに同じことを始めるようになります。つまり、何も言わなくてもウィルパワーのトレーニングをするようになるのです。

前述のとおり、ウィルパワーは感染します。ガミガミ言うことも、それによって自己嫌悪にひたることもありません。親ががんばるだけで子どものウィルパワーが高まる。それはとてもラクチンで、しかも幸せな親子関係だと思いませんか？

1日3分で効果が出る瞑想

僕自身も実践している、最も簡単なトレーニング法は、瞑想です。

瞑想というと精神修養のイメージがあるかもしれませんが、神経科学者によれば、瞑想を行い、脳が瞑想に慣れてくると注意力、集中力、ストレス管理、衝動の抑制、自己認識といったウィルパワーが向上することがわかっています。

瞑想は長くやればやるほど効果がありますが、慣れないうちに1時間、30分と続けようとするのは挫折のもと。最初は3分で構いません。とても簡単な方法ですので、ぜひ取り入れてみてください。

①体を動かさず、じっと座る

椅子に座っても、床に座ってもよいでしょう。背筋を伸ばして座り、静かに目を閉じます。両手は膝の上に置くなど、ラクな姿勢を取ることがポイントです。

②ゆっくり呼吸する

鼻からゆっくりと息を吸い込み、口からゆっくり吐き出します。「7秒かけて吸い、

7秒かけて吐く」のが目安です。

「瞑想で無になる」と言いますが、最初からその境地を目指すのは無理。ただ呼吸に意識を集中させてください。慣れないうちは「吸って、吐いて」と心の中で言っても構いません。慣れてきたら心の声をやめますが、いつの間にか別のことを考え始めたら、再び「吸って、吐いて」と言いましょう。息を吸い込んだときにふくらむお腹、吐き出したときに唇に感じる空気の流れなどに意識を向け、呼吸に集中します。

これを1回につき3〜5分続けましょう。1日のうち何回やっても構いません。まずは1回3分を繰り返し、1週間で累計3時間になるのを目指します。

ある研究では、瞑想の練習を累計3時間行ったところ「注意力と自制心が向上する」という結果が出ました。そして、11時間行った後には、「衝動を抑え、感情をコントロールする脳の領域の神経間の連絡が増加した」といいます。また別の研究では、瞑想の練習を2か月間続けたところ、「日常生活で自己認識の度合いが向上し、自己認識を司る脳の灰白質の量が増えた」といいます。これは、ウィルパワーが筋力と同じように、トレーニング次第で鍛えられる証拠だと言えるでしょう。

「瞑想をするようになってから自分にどんな変化が表れるか」を意識すると、効果がより上がります。退屈な作業でも集中が続くようになったとか、買い物に行っても余計なものを買わずにすんだとか、子どもに対して我慢できたとか。そうした効果を見つけることができれば、瞑想のトレーニングはより楽しくなってくるはずです。

どんな方法を試すにしろ、「ウィルパワーを鍛える」と意識して行うことはとても重要です。

・自制心を鍛え、誘惑や衝動に負けない自分になると意識する。
・意志力を強くする。

これらを意識しながらトレーニングを積むと、間食をやめたい人はスナック菓子を買わなくなり、成績アップを目指す人は勉強時間が増えます。

ところが、効果はここで終わりません。あることで自分を抑える練習をすると、他の部分でも質が向上するのです。たとえば、ぐずぐずせずに掃除が始められるようになる、すぐに食器が片づけられるようになる、ムダ遣いが減る、面倒なことを後回しにすることが減るなど、さまざまな面がよくなるのです。

ウィルパワーを鍛えることは、生活全般にわたって大きなメリットをもたらすことが、おわかりいただけるのではないでしょうか。

意志力を高めるためにさまざまなトレーニングをしていること、そしてその結果、誘惑に負けなくなり欲求をコントロールできるようになること。

それらのすべてが子どもに感染し、子ども自身のウィルパワーも高めてくれるのです。

次の章から、子どものウィルパワーがぐんぐん上がる日常の習慣をご紹介します。ちょっとした工夫で効果は絶大、ぜひ取り入れてください。

3章

集中できる子ども部屋のつくり方とは？

ウィルパワーを鍛えると、集中力もアップする

子どもが正しい生活習慣を身につけないことや勉強をしないことを口うるさく言う必要はありません。親自身が自らのウィルパワーを高めることで、それが子どもに感染する…。前の章は、そうしたウィルパワーの特徴をお伝えしました。

とはいえ、子どもが自主的に行動するまでじっと待っていてください、というつもりはありません。子どもは経験も浅く、脳も発達途上です。自主的に判断し、行動を起こす日はきっとやってきますが、その段階に到るまでは、親が手を差し伸べ、導くことが欠かせません。

ここで問題です。あなたはわが子にどんな子どもになってほしいですか？

■言われなくてもきちんと勉強する子ども。
■言われなくても身の回りをきちんと整えられる子ども。
■ゲームやテレビなどでムダに時間を費やすことがない子ども。
■将来の夢に向かって、がんばることができる子ども。

おそらく、ほとんどの人がこの中からひとつを選ぶことができないはず。なぜなら、ある力を持っている子どもを、言葉を変えて表現しているだけだから。ここで並べた4人の子どもは、いずれも次の力を持っています。

・「サボりたくても勉強に取り組み、面倒でも身の回りをきちんとする」＝やる力。
・「ゲームやテレビなどで時間をつぶさない」＝やらない力。
・「将来の夢に向かって進む」＝望む力。

それはウィルパワーです。つまり、ウィルパワーを身につければ、言われなくても勉強し、身の回りを整え、時間をムダにすることなく夢に向かってがんばれる子どもに自動的になってしまうのです。

さらに見逃せないのが、誘惑に負けずにやり通す集中力もアップすること。目標を達成する可能性も、ぐんとアップします。

親が自分自身のウィルパワーを高めることができたら、次は子どもの番。衝動に負けて後悔ばかりしたり、あるいは誘惑に負けて自己嫌悪に浸ってばかりの人生を送らせないためにも、できることから始めてみましょう。

「しちゃダメ！」と言うと、1・5倍やりたくなる

大人に「やるべきこと・やってはならないこと」があるように、子どもにも「やるべきこと・やってはならないこと」があります。そして、得てして「やるべきこと」は退屈で面倒、「やってはならないこと」は楽しくてラクチンです。

そこで「やりたくないけれど、やる」「やりたいけど、やらない」という葛藤が生まれます。それを乗り越えるのが、ウィルパワーであり、子どものウィルパワーはいまだけでなく、将来をも決める重要な力だとお伝えしてきました。

「子どもが葛藤を乗り越え、誘惑に打ち勝ってほしい」と願うのは、親として自然な思いです。「将来のためにもきちんとやるべきことをやってほしい」のは、正しい要求。ダラダラしていたいという子どもが正しくないことは、明らかです。

こんなとき、つまり「正しい自分が、正しくない相手に要求する」とき、人は無意識のうちに命令形を使います、「～しなさい」「～するべき」と。

しかし、言われたほうはどうでしょう。命令形に対して気分がよくなるという人は、少数だと思いませんか。特に、親に命じられて素直に従いたくなる子どもは、まずいないといってよいのではないでしょうか。

突然ですが、「メンタリスト」について、お話しさせてください。

僕がテレビに出演するとき、たびたび「相手が選んだカラーボールを当てる」というパフォーマンスをご紹介していました。これは決して心を読んでいるわけではありません。相手が「自分の意志でボールを選んだ」と思うのは錯覚。本人にも周囲にも気づかれないうちに、僕が望むボールや色を選ばせているのです。

メンタリストとは、心理学的なアプローチで相手の心の動きを読み取り、そして動かすテクニックを操る人、と言えます。

第二次世界大戦中、ユダヤ人大量虐殺を命じた独裁者、ヒトラー。史上最悪の独裁者として歴史にその名を刻みつけた人物ですが、当時のドイツ国民は彼を熱狂的に支持し、ドイツのヒーローとして受け入れました。これは、当時のドイツ人が今より特別差別主義だったとか、好戦的だったというわけではありません。巧みな演説に心をつかまれ、気づかないうちにその危険な思想に染め上げられてしまったのです。心理操作に長けたヒトラーこそ、史上最悪のメンタリストと言えるのかもしれません。

僕のカラーボールのパフォーマンスは、実は相手に気づかれないよう、目的のものを選ばせるという、心理学的なテクニックを使っています。

しかし、もし僕が『赤いボール』を選びなさい」と命令したら、どんなことが起きるでしょう。さらに「何も考えなくていい。僕の言う通りにすれば間違いないから」と付け加えたとしたら、どうでしょう。おそらく、僕が指定した赤いボールだけは選ばない、という結果になるに違いありません。

これを日常的にやっているのが、「子どもが言うことを聞かなくて…」と悩んでいるお母さんなのです。

「学校から帰ったらすぐに宿題をしなさい」というのは、子どもにとっては「命令」です。言葉の裏には「面倒なことは早く片づけて終わらせたほうが、後がラク」「毎日勉強することで確実に頭がよくなる」というアドバイスが込められていますよね。もちろん、それは正論。だからこそ「お母さんの言う通りにすれば間違いない」という気持ちで、子どもに「宿題をしなさい」と命令するのです。

それでは子どもが言うことを聞くわけがありません。

先ほどのカラーボールの例を思い浮かべてください。命令されると、「それには従いたくない」という気持ちが生まれるのです。親子の間ならその傾向はますます強くなります。特に相手が反抗期だったら、目も当てられません。特に、子どもの場合は自分の力を確かめるため、親から自立しようとするもの。だからこそ、親の命令に対する抵抗は、大人が他人の命令に対して感じるものより大きくなるのです。

すると、親は最悪の手段を使ってしまうのです。つまり、「言うことを聞きなさい！」と怒ってしまう。

怒られた子どもはしぶしぶ部屋に行って机に向かうかもしれませんが、命令されたあげく怒られたのですから、おとなしく従ってたまるか！ という気持ちになっています。なんとか終わらせるかもしれませんが、そんな状態での勉強が身につくはずがありません。素通りして終わり、です。

誘惑に負けやすく、ラクなほうに流れたくなる子どもを導くのは、「正しい方向に行け」と命令する親ではありません。子ども自身が自分で選択し、自分の意志で正しい道を歩いているという〝錯覚〟をもたらすことができる、メンタリストな親なのです。

「いつ勉強するの！」と言う前に

・いつもダラダラとテレビやゲームばかりしていて勉強しない。
・脱いだ服や読み終わった本など、散らかしっぱなしで片づけない。
・「必ず○○をする」など目標を立てるものの、三日坊主。もしくは一日坊主。
・言葉遣いやクセなど、直してほしい悪いクセをそのままにしている。

おそらく、ほとんどの子どもがここに当てはまるでしょう。そう、子どもとは「ラクに流れ、努力することが苦手」なものです。

子どもを見ていると「悪くなろう」「親に怒られよう」としているとしか思えないことがあると言います。ランドセルを放りっぱなしでテレビを見始めたり、手も洗わずおやつを食べようとしたり…。まるで怒ってほしいかのような行動が毎日の風景になっている、そんな子どもの姿にイライラするのは、ある意味当然です。

一度、ふりだしに戻ってみましょう。ここにはふたつの問題があります。

・「明らかによくない行動をしている。しかも、それが習慣にさえなっている」という、子ども自身の問題。
・「その姿を見ると、イライラして言いたくもない小言を言ってしまう。それどころか怒ってしまう。そして、そんな自分に自己嫌悪してしまう」という親の問題。

理想は、子ども自身が自主的に問題を解決し、よりよい方向に自ら歩んでいくことであり、それと同時に自分自身もイライラすることなく、もちろん怒ることなく、穏やかに子どもを見守るようになること。

そのためには、まず自分自身のウィルパワーを高めて、怒りたくなる衝動をコントロールし、イライラせずにいられるようになることです。

次は子どもの番です。しかし、先にお伝えしたとおり、命令しても怒っても、人は変わりません。となると「言って聞かせる」が正解と思うかもしれません。遊んでばかりで勉強しないことや、片づけないことのデメリット。言葉遣いの悪さはどんな結果を引き寄せるか…。こうしたことをこんこんと言って聞かせる。いわゆる「お説教」です。

「いい加減にしなさい！」が激しい怒りなら、「お説教」は静かな怒り。どちらも「怒り」に変わりないし、子どもが最後まで耳を傾けてくれる可能性はとても低いもの。

子どもの悪習慣は、自分で修正させること。そのために必要なのは「命令」でなければ「お説教」でもありません。ましてや「怒鳴りつけ」でもありません。まず取りかかるべきことは、いきなり本人を変えようとするのではなく、子どもを取り巻く環境を変えてしまうこと。

環境が変わると動き方も変わります。動き方が変わると、習慣が変わります。そうすると考え方が変わり、本人が変わっていくのです。

僕は、小学1年生から中学2年生まで、いじめを受けていました。学校に行きたくないと思ったことも数えきれません。なぜいじめられるのか、その理由を知りたくて今の自分と正反対の自分になろうとしたこともあります。

勉強もそうです。子どもの頃、下から3番目の成績だったのを、自分なりの勉強法を見つけてみっちり勉強するうち、ベスト3に入れるようになりました。

子どもの頃、自ら「変わろう」と努力した経験で、僕は「人は強い理由さえ見つけることができたら、いつでも変わることができる」と確信しました。それは今でも僕を動かしています。

子どもは自分の力で変わることができます。親は、それを見守り、もし助けを求めてきたときに手を差し伸べられるようにしておく。それで十分なのです。何かしてあげたいと思うのは、自然な気持ちでしょう。でも、

・子どもががんばって自分の力を試そうとしているときは、親もがんばって手を出すのを我慢すること。

・黙って、だけどしっかりと見守ること。

それは、親にしかできないことなのです。

子どもが自然に変わる環境とは？

子どもが変わる「きっかけ」は、親が与えることはできません。しかし、きっかけを生み出す環境をつくることはできます。

生活習慣や勉強部屋のインテリアを変えるなど、ちょっとした変化が「きっかけ」になる、５つの方法をご紹介しましょう。

①成功者が早起きする理由とは？

一日の始まりは、朝。どんな人にも等しく朝は訪れ、今日という日がスタートします。朝早く起きて活動する人もいれば、昼過ぎまで寝ている人もいます。夜勤など、仕事の関係で朝になってから布団に入り、眠りにつく人もいるので、昼過ぎまで眠っている人がすべて怠け者だというわけではありません。

人間は夜行性の動物ではないのですから、朝起きて、太陽が出ている間に活動し、暗くなったら活動をやめ、夜になったら眠りにつくのが自然の姿。大昔から繰り返されてきたこのリズムは、現代人の体にもしっかりと刻みつけられています。

夜更かしが当たり前になっているライフスタイルの人を「夜型人間」と言いますね。しかしそれは、人間本来のリズムを無視した暮らしで、健康的とはいえません。それどころか、ウィルパワーを発揮した、自分らしい人生を送っているともいえませんね。


前の章で「ウィルパワーが弱くなるとき」として、睡眠不足を挙げました。もう一度繰り返すと、「睡眠時間が6時間未満の慢性的な睡眠不足状態のとき、人はストレスや衝動、誘惑に負けやすく」なります。

よい睡眠の条件は「何時間眠ったか」ではなく、「何時に眠ったか」。具体的に言うと、夜10時から夜中の2時の間に熟睡していることが、睡眠の質を決めるのです。

この時間は、成長ホルモンが分泌するゴールデンタイム。成長ホルモンは発育を促すだけでなく、傷ついた細胞を修復する作用があります。疲労回復も担っており、大人にも不可欠なもの。ちなみに、紫外線がシミやシワなど肌に大きなダメージを与えるのはよく知られていますが、紫外線によって傷つけられた肌細胞を修復してくれるのも、成長ホルモン。早寝早起きが美容によいというのは、この意味からも正解なのです。

たとえば深夜3時に眠り、午前11時までの8時間睡眠と、10時に就寝して4時に起きる6時間睡眠を比べると、睡眠の質は後者のほうが圧倒的によいことは、医療や美容に携わる人、仕事でも運動でもよりよいパフォーマンスを追求する人たちの間では、すでに常識です。

質のよい睡眠を得るためには、何より早寝早起き。これは子ども時代から習慣にしてしまうのが一番です。

そのためには、まずは早起き。朝早く起きて行動を開始する習慣が身につけば、夜の10時を過ぎると眠くてたまらなくなり、自然と早寝の習慣も身につきます。

とはいえ、決まった時間に起こしてもなかなか目覚めないというのは、多くの親が抱える悩みですよね。優しく言っても起きないので、毎朝大声を上げて叩き起こす、目覚まし時計をいくつも使う、など、いろいろ試していると思います。

ですが実は、「目覚まし時計で起きるのは脳によくない」のです。

動物はかすかな音でも跳ね起きるようにして目覚めます。それは、「音＝敵が襲ってきた」が刷り込まれているからです。音で目覚めるときは逃げるとき。そのために最低限必要な機能しか目覚めません。結果、一日中ぼーっとしてしまうのです。

目覚まし時計を使わず、親も大声を出さずに早起きの習慣を定着させるには、「朝日」を活用することです。次の手順で試してみてください。

①朝、起きると決めた時間の15分くらい前に、寝室のカーテンを思い切り開ける。

②朝日が寝ている子どもに当たるようにする。

朝日を浴びることで、セロトニンというホルモンが大量に分泌します。幸せホルモンとも呼ばれるセロトニンは、体内時計をリセットする働きがあり、「休息の夜」から脳と体を「活動の朝」に変えてくれます。

もしカーテンを開けても朝日が届かないところにベッドや布団があるなら、思い切って部屋の模様替えをするのもいいでしょう。

朝はぼーっとしてしまうというなら、朝日を浴びる時間をたっぷり取りましょう。朝日で目覚めたら、ダイニングに移動して朝日を浴びながら朝食を。間取りの関係でそれが叶わないなら、ベランダに出て歯磨きをするなど、意識的に朝日を浴びるとよいでしょう。

今、スマートフォンやタブレットで操作して時間に合わせて明るさや色を選んだり、タイマー機能で朝になったら点灯するなど、さまざまな機能を持ったｈｕｅ《ヒュー》というLED照明があります。子どもに設定させることで、起きる時間や寝る時間を自分でコントロールするという習慣をつけさせるのもおすすめです。

朝からスッキリ目覚めることは、その日一日スッキリ・シャッキリで過ごせるということ。勉強への意欲もアップすること間違いナシです。

②この食事で、子どもの口応えが減る

子どもを健やかに育てる上で、お母さんたちが最も気を遣っていることは、毎日の食事ではないでしょうか。

おいしく、たっぷり、そして何より栄養バランスがいい。

子どもの食事に欠かせない条件は、何はなくともこの3つ。おいしくなければ食べてくれないし、量が足りなくてお腹が空くのはもってのほか、そして健康のために必要な栄養を取り入れることです。

今、朝食を取らずに登校し、給食まで持たずにフラフラになってしまう子どもや、お腹が空きすぎて授業に集中できない子どもが増えているといいます。そんな子にならないよう「きちんと朝ごはんを食べさせる」ことに気を遣っているお母さんも多いことでしょう。

でも、どんなメニューを、どれだけ出していますか。それによっては、子どもに

悪い影響が出る可能性もあります。

●朝食の「量」はお腹に合わせる

「朝からモリモリごはんを食べて、一日元気いっぱい！」。これが理想的な朝の子どもの姿だと思われてきました。もちろん、目が覚めたとたん「お腹が空いた！」とテーブルに走ってくるような子どももならいいのですが、問題なのは「朝は食欲がない」「もともと小食」という子どもの場合。

こんな子どもは、「朝からたっぷり食べなさい」と言われたら苦痛でしかありません。それどころか、すべて食べるのを強いられたら…。これでは食事が苦痛になってしまいます。生きる基本である「食」を苦行にしてはなりません。

「これなら食べられる」というものを、少しずつ与えるようにするなど、まずは子どものお腹に合わせるのが基本です。

●朝は、玄米おにぎりを

その上で「何を」食べるかがポイントです。前の章でウィルパワーとグルコースの話をしました。血糖値が急激に上がる食べ物は、集中力や自制心に大きな影響を与えます。だからこそ、血糖値の上昇が穏やかなＧＩ値の低い食べ物を選ぶことが重要なのです。それは、子どもも同じこと。

特に朝は、手っ取り早くエネルギーになる上、料理の必要がない菓子パンを朝食にするという家庭が少なくありません。しかし、菓子パンは「小麦粉・砂糖・クリーム」とGI値の高い材料ばかりを使った、血糖値が急上昇する食べ物です。これでは子どものウィルパワーが育ちませんし、何より勉強に集中できない状態をつくってしまいます。


慌ただしい朝に、GI値を考えた食事を用意するのは大変かもしれません。でも、玄米のおにぎりをまとめて作って冷凍しておく、全粒粉のパンに変えるなど、簡単にできる方法はたくさんあります。特にグラノーラやコーンフレークなどのシリアルやオートミールはGI値も低くおすすめです。

ただ、市販のシリアルの中には砂糖がたっぷりと使用されているものもあるので、注意しましょう。甘みはハチミツやメープルシロップで取るとよいでしょう。

また、最近話題になっているスムージーはGI値が低い上に腹持ちもよい優秀な朝食メニュー。野菜よりフルーツが多いものにすれば子ども向きになります。

勉強していても集中が続かないと悩んでいるなら、まずは朝食の見直しから始めてみましょう。

低GIの朝食は便秘解消やダイエットなど、お母さんにもうれしい効果が！

③模様がえするだけで、子どもの集中力は上がる

子どもが家で多くの時間を過ごす場所、それが子ども部屋です。ある調査によれば、3割の親が「小学校低学年から子ども部屋が必要」と考えており、小学校中学年、高学年と合わせると、およそ7割の親が「小学生の間に子ども部屋が必要」と考えていることがわかりました。

年齢が上がるにつれ、子ども部屋で過ごす時間は増えていきます。言うまでもなく子ども部屋はプライベート空間ですから、どんな過ごし方をするかは子どもの自由なのですが、親としては、ダラダラとムダな時間を過ごしてほしくはありません。できるなら、自分からバリバリ勉強してほしいですよね。

それなら、「勉強モードになれる部屋」に変えましょう。親は「勉強しなさい！」と言わなくても大丈夫。子ども部屋の環境を変えればいいだけです。

●学習机は広い・シンプルが正解

小学校に入学すると、ランドセルと一緒に買ってもらえるのが学習机。日本の学習机は、椅子の幅＋引き出しくらいのサイズで、天板に本棚とライトがついているのが一般的。子どもが喜ぶようなキャラクターがついたものもあります。

しかし、「勉強に向いているか」というと、残念ながらＮＯと言わざるを得ません。

まず、天板が狭すぎます。勉強道具は教科書とノート、筆箱だけではありません。地図などの資料本、辞書、マーカー、定規など、たくさんのものを使います。それらを見やすく・使いやすく広げるには、できるだけ大きな天板のほうが集中が途切れないのです。気を散らすものをしまい込む原因になる引き出しも不要。極限までシンプルな机が、集中して勉強する環境をつくります。

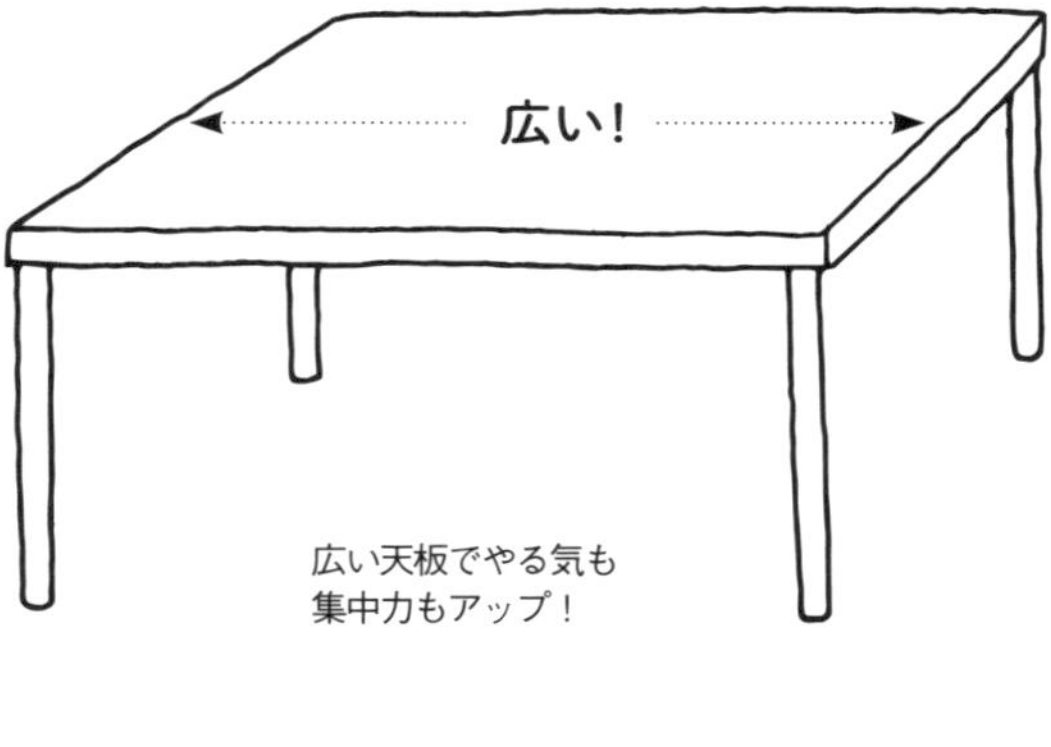

広い天板でやる気も
集中力もアップ！

●本棚は目に入らないところに

子どもを頭のいい子にしようと思うなら、本はできるだけたくさん読ませましょう。そうなると、勉強机に続いて用意したいのは、本棚です。

最初のうちは息抜きになるようなマンガなどが多いことでしょう。

とはいえ、息抜きばかりでは勉強習慣がつきません。勉強すると決めたら集中して取り組めるよう、本は目に入らないところに置くのがポイントです。

勉強中についい本を手にしてしまうのは、集中が途切れてふと目を上げたとき、楽しそうな本の背表紙が目に飛び込んでくるからです。これを防ぐには、机からできるだけ遠くに本棚を置きましょう。

もし本棚が作りつけだったり、位置が変えられないようなら、本棚にカーテンをつけてすっぽり隠してしまうことをおすすめします。

本を読むときは「さあ、読書しよう」と決めて本に向き合う。「勉強に飽きたから」「ひまつぶしに」では、集中力も、読書の質も意欲も落ちてしまいます。

●ベッドは勉強机の真後ろに

勉強中、目に入ってほしくないものの1位はベッド。ちょっと集中力が途切れたときに、ベッドが目に入ったら、脳は「睡眠」を思い出し、もうそこで勉強意欲は途切れると思ってください。机の横にベッドを置く配置は最悪です。机に向かったときに絶対目に入らない位置、真後ろに置くのが正解です。

●ブルーのカーテンで集中力アップ

色は心理状態に大きく影響を及ぼします。僕が勉強部屋に使う色としておすすめしたいのは、ブルー。青系の色は心を落ち着かせる一方で「時間の経過を遅く感じさせる」という効果があります。つまり、「1時間勉強した」と感じても、実際には1時間半経っている、ということを起こすのがブルーなのです。集中力と充実感が得られるので、勉強部屋にぴったりですね。反対に、時間の経過を短く感じさせてしまう色は、赤。「たくさん勉強したと思ったのに、ちっとも時間が進んでいない」というガッカリ感を招くので、勉強部屋に不向きです。

●壁の色はオフホワイトがベスト

壁の色は白がいいと思われがちですが、輝くような白に囲まれているとストレスになります。緊張感をやわらげ、気持ちを落ち着けるために壁の色は落ち着いたオフホワイトが最適です。壁の色を変えるのが難しいなら、机に向かったときに目に入る壁に自然の風景や淡い色合いのポスターを張るといいでしょう。

④わずか1296円で勉強がはかどる激安ツール

「勉強ができるようになるには、とにかく勉強することだ」と言う人がいます。なるほど、がむしゃらに勉強する姿は見ているほうも「やっているな」と満足できますね。でも、本当にそれだけで勉強ができるようになるのでしょうか。

マンガなどの誘惑や、ベッドに入りたいという衝動に負けず、勉強を続けるには、ウィルパワーが重要なのは、もはや言うまでもありません。

やる気がみなぎる、3つのツールを使った方法をご紹介しましょう。すべてそろえても消費税を含めても1300円以下ですむはずです。

●鏡を置いて、セルフチェック

ふとした拍子に何げなく鏡を見て、そこに映る自分の姿に驚いてしまう。「疲れた人がいると思ったら、鏡に映った自分だった！」という経験、よくありますよね。そんなとき、慌てて背筋を伸ばしたり、頬を引き締めたり、髪を整えたりします。

それは、自分の頭の中にある「本来あるべき自分の姿」と「鏡に映し出されている実際の姿」とのギャップを大急ぎで修正しようとする行為。言ってみれば、自分が信じている「理想の自分」に近づこうとしているのです。

この「習性」を勉強に取り入れます。方法は、勉強机の前に鏡を置くだけ。鏡は1000円くらいで手に入りますよね。すると、勉強中の自分の顔がときどき目に入ります。意識的にちらっと見るのもいいでしょう。勉強に取り組む真剣な顔、難問にぶつかって悩む顔、そして少し疲れてきた顔…。

特に効果的なのは、サボり始めたときの顔が目に入ることです。きっとズルをする人の顔になっています。怠け者のだらしない表情になっているかもしれません。それを見たとたん、自ら「おっと、いけない」と自制モードに入る。そして、あるべき姿、「一生懸命勉強に打ち込む姿」に戻ろうとするのです。

これは親が「何サボっているの！」と怒るより絶大な効果があります。自己認識力と自制心を高める、またとない方法です。

●勉強前のぐずぐずモードを断ち切る「とりあえずボックス」

やらなければならないことがあるとき、ついまったく関係ないことを始めてしまうときがあります。たとえば、本棚を片づけなければならないのに、写真の整理を始めてしまうなどがその例のひとつ。勉強すると言って部屋にこもった子どもが、机の上を片づけ始めたり掃除を始めたりする姿も、よく見るのではないでしょうか。

やらなければならないことの前に、違うことに一時避難してしまうことを〝自らにハンディキャップを課し、失敗したときに言い訳ができるようにしておく〟という意味で「セルフ・ハンディキャッピング」と言います。「勉強ができないのは僕のせいじゃない。掃除をしなきゃいけなかったからなんだ」というわけです。

こうした行動が出てくる場合、「とりあえずボックス」をおすすめします。

100均で売っている大きめの箱を用意して、勉強に関係ないものを問答無用で箱の中に入れてしまうのです。

読みかけの本やマンガ、ゲーム、スマートフォンなど、机の上をざっとなぎ払うようにして入れる。どさっと派手な音が立つくらいがちょうどいいでしょう。その大げさな行動と派手な音が、「これから勉強するぞ」という前向きスイッチを入れるきっかけになります。

●「やるべき付せん」と「したことリスト」

算数の宿題に漢字のプリント、塾のドリルをやって、テストの予習をやって…と、「やるべきこと」がたくさんあるとき、忘れないように「やることリスト」をつくりましょう。しかしこれ、「リストをつくっただけで終わり」になりがち。リストが長いほど、やるべきことの多さにうんざりしてしまうからです。

これを防ぐために、付せんを使うのをおすすめしています。これも、１００均で売っていますね。１枚の付せんにやることをひとつずつ書いて重ね、予定が終わるごとにはがしていきます。すると、常に目に入る「やるべきこと」はひとつだけ。「あれもこれも、こんなにたくさんやらなきゃいけないなんて！」とパニックになるのが防げ、「いまやるべきこと」だけに集中する習慣がつきます。

そして、終わった用事はノートなどに並べて貼っていきます。すると、一日が終わった後に「こんなにたくさんやった！」と成果を目で確かめることができます。がんばった証が見えれば大満足、明日もがんばる気持ちになれるのです。

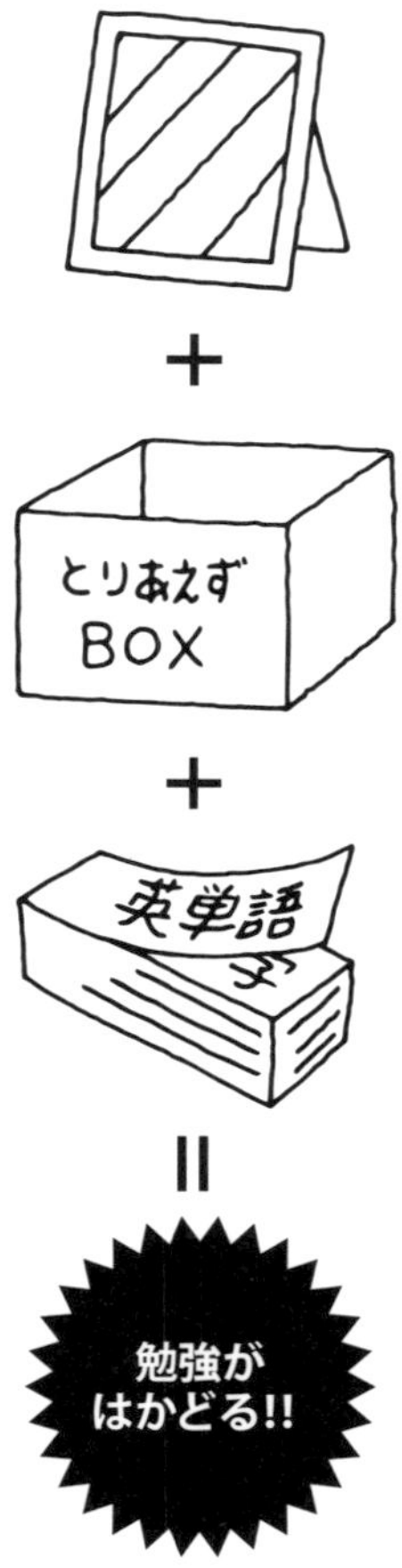

必要なアイテムはこの３つ。
少ない投資で効果絶大！

⑤集中力をキープする後回しメモとは？

子どもの生活習慣で親がイライラすること、それは「ダラダラしている」ということではないでしょうか。「やるって言ったでしょ⁉　早くやりなさい！」が定番になっていないでしょうか。

大人ならスケジュールを立てて効率よく物事を終わらせていくことができますが、子どもは「時間の感覚」がまだ不確か。8月31日に「宿題が残ってる」とべそをかくのも同じ理由。「未来を予測し、スケジュールを立てて少しずつやっておく」ことができないからです。

「子どもは」といいましたが、大人でもこういう人はいます。ギリギリになって「なんでもっと早くからやっておかなかったんだろう」と嘆くような大人になってほしくないなら、いまから紹介する方法を取り入れてみましょう。

●勉強は「リズム」でタイムマネジメント

「子どもの1日の学習時間は、学年×10分」と言われています。大人にしてみれば「たったそれだけ⁉」と思いますよね。それなら楽勝だと。しかし、子どもはそうではありません。1年生でも5分と続かない子もいれば、30分の子もいます。だからといって、5分の子が集中力がないというわけではありません。まだ集中して勉強に取り組める時期がきていないだけです。子どもに関することはすべて「個人差がある」ことを忘れないのが、ムダなイライラを防ぐ決定打になります。

その上で覚えておいていただきたいのは、「人間は生体リズムに則って活動と休息を繰り返す」ということ。

たとえば睡眠は90分の深い眠りと20分の浅い眠りを繰り返すリズムがあります。これを「ウルトラディアンリズム」といい、精神生理学者のペレツ・ラヴィー博士によれば、このリズムで作業（勉強）と休息を繰り返すのが、最も自然で、集中力が持続するといいます。

もし子どもが1時間以上の学習ができるようになったら、「1時間半勉強したら20分休む」という習慣を身につけさせましょう。

「1時間半の勉強なんて、とても！」というなら「ポモドーロテクニック」がおすすめです。これは25分集中したら5分休憩し、再び25分集中するというものです。

子ども自身で時間管理、すなわちタイムマネジメントができるようになれば、集中力はさらにアップします。キッチンタイマーやスマートフォンのアラーム機能を使うなど、さまざまな方法を示してあげるとよいでしょう。ちなみに、「ポモドーロ」はスマートフォンのアプリでもたくさんあるので、試してみるとよいでしょう。

●サボりたくなったら「後回しメモ」

勉強と休憩を繰り返して集中力を上げていっても、わからないところが出てくるなどしてつまずくと、他のことをしたくなるものです。こんなときは心理学者のロイ・バウマイスターが提唱する「後回し戦略」を使いましょう。

90分間（または25分間）の集中タイムにふと寄り道したいことが浮かんだら、すかさずメモする習慣をつけさせましょう。それも、「○○をしたい」という願望ではなく「○○をする」という予定の言葉で書くのです。たとえば、お菓子が食べたくなったら「チョコレートを食べる」というように。そして、やっとお待ちかねの休憩時間がきたときにメモを見ると、なぜか「別にいいや」という気持ちになっているはず。「予定」としてメモしたことが、やらなくていいことになってしまうこの方法、気が散りやすい人にもおすすめです。

●カレンダーを使って勉強を積み重ねる

90分（または25分）勉強し、20分（または5分）休憩するという、一日のタイムマネジメントができるようになったら、次は長期のタイムマネジメント。あらかじめ決めたゴールに向かって毎日積み上げていくことが目標ですが、最初は難しいので、「少しずつやったら、たくさん積み重なった」ことを実感させましょう。

方法は簡単。カレンダーとシールを用意し、その日にやるべき勉強が終わったらシールを貼ります。寝るまでに終われば青シール、夕飯までに終われば金色シールなど、色を変えるとさらによいでしょう。そう、子どもが大好きなスタンプラリーと同じです。すべての日をシールで埋めて「コンプリート」したくなるはずです。

これに慣れたら次のステップ。今度はゴールを決めて「この日までにドリル1冊終わらせてみよう」と提案してみるのです。ドリル1冊が難しいなら、「この日までに金色シール10枚集めよう」という提案でもいいでしょう。いずれも子どもが確実に達成できる目標を設定し、「できた！」を実感させることが重要です。

見事目標を達成したら、ご褒美をあげましょう。最初からほしいものを与えるのでなく、おやつをグレードアップ、外出時にデザートを、好きなＤＶＤを見てもいい、と少しずつレベルを上げ、最終的にほしいものが得られるようにするのもポイントです。

4章

やる気を引き出すコミュニケーション

反抗期を乗り切る唯一の方法

それぞれの家庭によって家族のあり方や親子のあり方が違うように、家庭内のルールもそれぞれ異なります。「大事なことを決めるときは、家族で話し合う」「家族全員が担当の家事を持っている」など家庭内ルールはさまざまですが、その共通点をとてもシンプルな言葉で表現するなら、「家族仲よく暮らす」ではないでしょうか。

では、家族が仲よくなる秘訣は何でしょう。それが、コミュニケーションです。

良好な親子コミュニケーションは子育ての基本である一方で、悩みの種でもあります。「話しかけてもろくに返事をしない」「学校のことを聞いても、話そうとしない」など、親が怒りたくなるような反応ばかりが返ってくる、という状況が生まれてきます。まさに「反抗期」です。

反抗期は成長の過程で何度もやってきます。親の言うことを聞かず、アドバイスも耳に入れようとせず、親は腹立たしくイライラが募る時期です。

そんなとき、なんとかして反抗する子どもを抑えたいと思うのは、むしろ間違い。

反抗期は、親から自立する過程で、必要不可欠な時期なのです。

　必ず訪れる反抗期をうまく乗り切るにはどうすればいいのか。残念ながらその特効薬はありません。

　しかし、予防薬はあります。それこそが「日々のコミュニケーション」。

　子どもとよく会話している家庭は親子関係が良好で、反抗期はあっても激しいものにはなりません。「親に話す」習慣が身についているからです。また、親のほうは常に会話しているので子どもの変化を捉えやすく、「あえて放っておいたほうがいい」「きちんと話したほうがいい」という的確な判断ができるようになります。

　コミュニケーションがとれている家庭では子どもの意志力や自制心も順調に育ちます。さらに、やる気を生み出し、勉強のモチベーションも上げてくれるのです。

　そのベースになるのが、親の「言葉の力」。どんな言葉で、そしてどんな言い方で子どもにアプローチするかによって、子どもは大きく変わります。

　ここでも変わるのは、まず、親のほう。親の言葉が変われば親子のコミュニケーションが変わり、子どもが変わります。

意外にも、親子の会話のコツは「話さない」こと

日頃から「嘘をついてはいけない」「病気のときや家庭の事情があるとき以外は学校を休んではいけない」と言い聞かせていて、それを家庭のルールにしていたとします。ところがある朝、子どもが「頭が痛い」と言い出したとしましょう。おでこに手を当ててたところ、熱の気配はありません。どうやら仮病のようです。

こんなとき、どういうふうに対応するのが正解だと思いますか。

学校でも塾でも習い事でも、「行くもの」と決まっているものは、よほどのことがない限り、休むべきではありません。「都合が悪いときは休んでしまえばいいや」という考えを定着させてしまうことは、その子のためになりません。そこで親がとる行動パターンは、大きく分けて次の3つです。

・「学校を休んではいけない」「決まりは決まり」と毅然として学校に行かせる。

・「休まないほうがいいわよ、なぜならね…」と冷静に説いて学校に行かせる。
・仮病だとわかっていても、「今日だけは仕方ないわね」と、学校を休ませる。

行動科学に基づいた方法もあります。

「朝になると『お腹が痛い』『頭が痛い』といって学校を休もうとする」「塾に行ったふりをして、行かない」など、子どもがやらなければならないことをしなかったとき、たとえば、「休んだら先生からすぐ家に電話をかけてもらうようお願いしておく、友達に見舞いに来てもらうなどして『休んだら大変なことになる』状況をつくる」という方法です。

これは、嘘を取りつくろうために面倒な思いをすることで態度をあらためさせることを目的としています。つまり、「ヘタに休むと大変なことになる」ことを思い知らせ、「もう仮病なんてこりごり」な状況をつくるのです。


このようにさまざまな対処法がありますが、見落としてはならないのは、「どれだけ子どもの話を聞いたか」ということです。どうして休みたいと思ったのか、仮病に隠れた理由を見つけるのが先決。対処法を考えるのは、その後であるべきです。

もしかすると、学校に行きたくないのは、いじめられているせいかもしれません。

塾に行きたくないのは、授業内容がまったく理解できないせいかもしれません。これらの理由を理解しない限り、「どうやってサボらせないか」を考えても、小手先の対処法になってしまいます。

ところが、いざトラブル（この場合は仮病）が起きたときに「何があったの？話してごらん」と聞いたところで、「いじめられていて辛い」「先生の言っていることが全然わからなくて、みじめになる」と、本当のことを打ち明けてくれるとは限りません。「なんでもない」と言うか、「本当にお腹が痛い」と嘘を重ねるだけです。それだけでなく、子どもの心に「親はわかってくれない」「どうせ話してもムダ」という絶望感を植えつけることになりかねません。

親子関係の断絶とは、こうしたささいなところから生まれるのです。

これを防ぐ唯一の方法が、親子コミュニケーションです。それも、「普段から子どもの話をよく聞く」という姿勢と習慣が決め手になります。

「うちの親は、どんな話でもちゃんと聞いてくれる」という信頼感があるからこそ、何かトラブルが起きたときにきちんと話してくれるようになるのです。

話してさえくれれば、どんなトラブルにも適切な対処ができますよね。たとえば仮病を使ってでも学校に行きたくない理由がいじめにあるなら、教師に相談することができますし、塾のレベルが合わないのならクラスを替えてもらうこともできれば、親が勉強を見てやることもできます。

しかし、多くの親がやりがちなのは、「親子コミュニケーション」の名を借りたお説教。先の例で言えば「学校に行きたくない気持ちはわかるわ。でも学校を休むとね…」と理詰めで諭すことでしょう。子どもの気持ちに寄り添おうとせず親の意見を押しつける行いは、子どもが心を閉ざす最大の原因です。

まずは普段から子どもの話をよく聞くこと。考えてみれば、大人だって自分の話を聞いてくれない相手に、悩みを打ち明けたりはしないはず。「話を聞いてもらえること」で、人は心を開くのです。

なにより、黙って子どもの話を聞くこと。親はあえて「話さない」が正解です。どんな話でも耳を傾ける親だから子どもは信頼感を持てるのです。

もちろん、親として伝えたいメッセージはあるでしょう。しかし、「伝える」のは子どもの話を十分聞き、子どもが「すべて話せた」と満足してからです。

コミュニケーションはお互いの気持ちを言葉にしてキャッチボールして生まれるものですが、その始まりは「聞く」ことから。子どもが発した言葉を受けて返すことを繰り返すことを意識することです。

使っていませんか？ 子どもの心を閉ざす危険な言葉

子どもの話を聞くには、まず子どもが気持ちよく話してくれることが前提だと思いがちです。しかし、子どもとしてはそれ以前に「親がきちんと聞いてくれるかどうか」が、話すかどうかの境目になります。そう、重要なのは、「親の聞き方」。

この項では子どもの心を引き出し、「親に話したい」と思わせる言葉、子どものやる気を引き出す言葉をご紹介しますが、その前に日頃の言葉をチェックする意味で「ＮＧワード」をご紹介します。

これらの言葉は、いつも何げなく口にしている可能性大。ささいな言葉と思うかもしれませんが、このひとことで子どもの心が閉じてしまい、「親に話してもムダ」と思わせかねない、重大な言葉です。

中には口グセになっている言葉もあるかもしれませんので、日頃の自分を思い返しながら、チェックしてください。

●「後にしてくれる?」

家族と自分が出かける前の朝、夕飯の支度に取りかかる夕方はまさに「魔の時間」。いくつもの家事が重なり、嵐のような慌ただしさでしょう。この時間帯に「ねえ…」と話しかけられたとき、反射的に「後にしてくれる?」と言ってしまうことは、よくあるのではないでしょうか。しかし、学校に行く前と帰ってきたばかりの時間に話したいことは、「思い詰めた末の告白」の可能性がとても高いのです。勇気を振り絞ったのに、「後にしてくれる?」と言われると目の前で扉が閉じられたようなもの。このチャンスを逃すと、もう二度と話してくれないこともあります。

とはいえ、一分一秒を争う慌ただしさの中、子どもの話をじっくり聞くのも難しいですよね。

まず、子どもが話しかけてきたら、その顔や様子を必ず見てください。そうすれば深刻な内容か、後回しにしてもいいかがわかるはずです。その上で、「ちょっと待っててね」と言い換えましょう。「ごはんが終わったら聞かせて」と付け加えるのもいいですね。「後にして」は拒絶の言葉ですが、「待ってて」は約束の言葉。そこには希望があります。

子どもの様子が深刻そうだったら、できれば家事の手を止めて話を聞くこと。そして、子どもが話し始めたら決して途中で判断、意見をしないことも重要です。

●「〜しなさい！」

これも親が子どもによく言うフレーズ。しかし、強く命令するのは逆効果。

心理学者のジョナサン・フリードマンが行ったおもしろい実験があります。子どもをふたつのグループに分けます。それぞれおもちゃが5つある部屋にひとりずつ案内し、その中の最も魅力的なおもちゃを触ってはいけないと監視員が伝えるのですが、ひとつのグループには「これは絶対に触ってはいけない」と強く命令します。対してもうひとつのグループには「これには触らないでね」と軽い注意にとどめます。すると、両方のグループともに、監視員がいなくなってもそのおもちゃには触ろうとしません。しかし6週間後、監視員を代えて同じ実験を行うと、前回軽く注意されたグループの67％が約束を守れたのに対し、強く命令されたグループは23％しか守れなかったという結果になるのです。

つまり、人は誰かに命令されたり強制されたことほど、破りたくなるということ。「〜しなさい！」は、やる気をなくす悪魔の言葉なのです。

「片づけなさい！」ではなく「散らかっているね」「片づけてくれると助かるな」など、子どもが自主的に動き出す言葉に置き換えます。

先ほどの実験でも、「軽く注意されたグループでも33％は約束を守れなかった」という結果が出た通り、どんな伝え方をしても、3割は言うことを聞かないもの。

だからといって「～しなさい！」と命令するのは、逆効果。「命令されたことは破りたい」モードに入ってしまいます。たとえ言うことを聞かなくても、命令・強制は禁物。何度でも繰り返し、自主的に動き出せる言葉をかけ続けましょう。

●「当然」

親の言うことに子どもが抗議したとき、「子どもなんだから言うことを聞きなさい」「そんなの当たり前でしょ」「そんなのいいから！」と言い放つことはありませんか？　これらの言葉の裏側には「子どもは当然親のいうことを聞くべき」という考えがあります。抗議や反論は一切受けつけない、問答無用！　といったところ。なんとも理不尽な話です。

これらは子どもが言い返せなくなる究極の決め台詞であり、便利な言葉かもしれません。しかし、「言い返せない」状態が続くと、子どもは思考停止になります。思考停止が続くと、子どもは自分で何も考えない、何も決められない、操り人形のような無気力な人間になってしまうのです。

無意識に使いがちなので、ぜひ意識して気をつけていただきたいです。

子どもが親に言えない悩みに、どうやって気づくか？

成長の過程でぶつかる「壁」はいくつもあります。その中でも苦しいのは人間関係の壁。ささいな行き違いで仲違いをしてしまったり、誤解されたり、あるいは突然いじめが始まるなど、理不尽な思いに憤りや悲しみを感じることもあるでしょう。

親としては、愛する子どもが壁にぶつかって苦しんでいるのですから、なんとかしてあげたいと思うのは当然です。

残念なことに、子どもがいじめを受けていることを告白するのは、まれ。むしろ「親だけには話さなかった」という子が少なくありません。親としては「そんなに辛いことなのに、話してくれないなんて」と悲しくなることでしょう。もしかすると、自分自身を責めてしまうかもしれません。

しかし、子どもがいじめの告白をしない理由は、たくさんあります。「親に『かわいそうに』と思われたら、ますますみじめになる」という子もいます。「家では学校のことをすべて忘れて過ごしたい」という子もいます。中には「親に言うと『なぜやり返さない』と言われる」とか、「学校に抗議するなどして問題が大きくなるのがイヤだ」というケースもあります。

さまざまな理由で、子どもは苦しみを告白しようとしません。たとえ「何かあったの？」と聞かれても、「なんでもない」と答えるだけ。隠そうとするのです。

こんなとき、親として最もしてはいけないのは「知りたい」という衝動を抑えられず、無理矢理聞き出そうとすることです。もし、親の追求や脅しに負けて無理に告白して、子どもは果たしてスッキリとするでしょうか。「親が無理に聞き出したのは、自己満足のためだけだ」と、さらに心を閉ざすだけです。

この本の前半で、ウィルパワーの話をしましたね。

こんなときこそ、ウィルパワーを発揮して、自分の衝動を抑えてほしいのです。

そして、子どもの前ではいつもと同じようにふるまいましょう。常にコミュニケーションがとれていて、子どもに対して抑えつけるような言葉を使っていない親子関係で、ごく自然に「いつも見ているよ」というメッセージを発しているなら、子どもはいつか必ず、自分の苦しみを話してくれるでしょう。

子どもは自分の力で変わることができます。親は、それを見守り、もし助けを求めてきたときに手を差し伸べられるようにしておく。それで十分なのです。

何度も言いたい！　やる気を引き出す7つの言葉

「子どもを好きになれない親はいるが、親を嫌いな子どもはいない」と言います。

子どもに関するさまざまなニュースが示すように、自分の子どもを愛せない親は、残念ながらいるようです。しかし、たとえどんな親であろうと、子どもは親のことが大好きで、いつも愛されたい、認められたいと願っています。

だからこそ、親が自分に対して何をしてくれるか、あるいはしてくれないか。どんな言葉をかけてくれるか、かけてくれないのか、ということに対してとても敏感なのです。

反抗的で親の言うことを聞かず、親の存在なんか無視しているように思えることがあるかもしれません。また、憎まれ口をぶつけられると親だって傷つきますし、「もう知らない！」と言いたくなるでしょう。

しかし、そんなときは「子どもが親の愛を試している」と考えてみてはどうでしょう。「何を言っても好きでいてくれるかどうか」を知りたくて、それほどまでに愛されたいのが、子どもです。

だからこそ、親の最も大きな役割は、「愛されたい、認められたいと願う子どもの心を叶えてあげること」ではないでしょうか。

「あなたのことがとても大好きで、とても大事なの」とハッキリ言わなくても、ちょっとした言葉に親の気持ちがあふれることを子どもは知っています。

次から紹介する言葉は、子どもにとってうれしい言葉ばかり。

繰り返しますが、子どもは親のことが大好きです。だから、うれしい言葉をたくさんかけてもらいたくて、いろいろなことをするようになります。もちろん、勉強だってがんばれるようになります。

子どもが自然にやる気になってくれるのだから、魔法の言葉ですよね。

大好きな人に優しくされることはうれしく、気持ちがいいこと。このことを知った子どもは、人に優しく接することができ、感謝される人に育ちます。

そんな子どもが増えることは、社会にとって大きなメリットです。

子どもに対してポジティブな言葉をかけることが社会貢献につながる…。大げさに聞こえるかもしれませんが、それは確かなことなのです。

やる気を引き出す言葉 ① ―「どうしたの？」

たとえばショッキングな出来事があったとき、家族や友だちに「どうしたの？」とか「何かあった？」と聞かれると、心が温かくなりますよね。

それは大人でも同じこと。人間関係で落ち込んでいたとき、無理に明るく振る舞っていたのに「何かあった？」と気づいてもらえると、ひとりではないのだと感じてうれしくなります。子どもなら、なおさらです。

子どもに対して「どうしたの？」という言葉を発するためには、いつも子どもをよく見ていなければなりません。

いつもと違ってなんだか少し元気がない。いつもはしない乱暴なふるまいをしている。「ただいま」の声のトーンが低い。いつもはすぐに自分の部屋にこもってしまうのに、今日はいつまでもリビングでぐずぐずしている、または帰るなり自分の部屋に直行してしまった…などと、人が「いつもと違う」心理状態でいるとき、たくさんの「いつもと違う」サインがあります。

子どもは基本的に「わかってほしい」と願っているもの。特に親には「いまの思いをどうかわかって」と思っているため、わかりやすいメッセージを投げてきます。それを的確にキャッチして「どうしたの？」と声をかけることは、「どうかわかって」というメッセージを発している子どもに対して「いつもあなたを見ているよ」というメッセージを返すことと同じ。

これが、ちょっとしたことで自信を失いがちな子どもを勇気づけてくれるのです。

何かあったとき、自分から何も言わず、態度にも表れていない段階で「どうしたの？」と声をかけてもらえると、子どもは「何も言わなくても、親はわかってくれている」ことを、自然と信じることができるようになります。

「自分のことをいつも見守ってくれ、気持ちをわかってくれ、気にかけてくれる存在が身近にいる」という気持ちは子どもに大きな安堵をもたらします。「自分は決して孤独ではない」という安心感につながり、やがて「何があっても、後ろから見ていてくれる人がいる」という信頼感にもつながるのです。

「見守ってくれる存在」を信じることができれば、子どもはどんなことにも挑戦できるようになります。冒険が怖くなくなるのです。新しいことに挑戦したり、何かを始めたり、あるいは何かと戦う勇気が湧いてくるのは、誰かが見守ってくれているからこそ。その勇気の源を、「どうしたの？」というひとことで与えることができきるのは、親だけなのです。

「どうしたの？」と声をかけても「なんでもない」としか返さない子どももいることでしょう。そのときはしばらく観察を続け、やはりいつもと違って様子がおかしいと感じたら、今度はふたりきりの場所で、もう一度「どうしたの？」と聞いてみることです。様子が深刻そうなら、家以外の場所に行くのもいいでしょう。

ただし、「どうしたの？　何か様子が変よ。何かあったんでしょう？　話して」と矢継ぎ早に告白させようとするのは、親のうっとうしさを強調するようなもの。頑なに心を閉ざす原因になりかねませんので、時間をおくことがポイントです。

「いつもと様子が違う」には、深刻そうなときだけではありません。やけにウキウキしているときや興奮状態のときもあります。そんなときこそ、「どうしたの？」と声をかけましょう。そうやってたびたび「見ていてくれる」と安心させることは、何か悩みがあるときや困ったことがあるときに、親に話しやすいベースをつくってくれます。

「どうしたの？」がたくさん言えるよう、子どもをよく観察するように心がけましょう。

やる気を引き出す言葉②――「なぜ？」

子どもは大人に比べ、言葉に対する理解力が低いという特徴があります。年齢が低いほどその傾向は高くなり、だからこそ子どもへの言葉遣いは気をつけなければりません。

これは簡潔に言うと「子どもは大人よりさまざまな能力が低い」ということ。あらためて考えると、当たり前すぎることですよね。

ところが、毎日接している親は、そのことを忘れがちです。「きちんと言えばわかってくれる」と言って、まだ小さな子どもにお説教したり、無神経な言葉を放っておいて「親子だから本当の気持ちはわかってくれる」と期待したりする。ハッキリ言って、それは「わかる言い方で伝える」という努力をサボっているだけ。怠慢としか言いようがありません。

子どもの思考回路はシンプルで、感情がそのまま態度に表れるし、言葉は額面通りに受け取ります。

「○○ちゃんなんか、もう知らない！」「言うことを聞かない子は嫌い」という言い方は、親にとっては本心ではなく、単なる脅しでしょう。しかし、子どもはその言葉の通り「見捨てられた」「嫌われた」と思い込んでしまいます。そして、なんとかもう一度好かれようとして、親の顔色ばかりうかがい、自分の素直な気持ちは押し殺すようになってしまう…。これでは子どもらしさが失われるばかりか、将来何かの拍子に押し殺してきたものが爆発して、取り返しのつかない形で親に反抗しかねません。そんな悲劇を招かないためにも、子どもにはシンプルでわかりやすく、さらに肯定的な言葉をかけるようにしてほしいと思います。

そこでたくさん使ってほしい言葉が「なぜ?」。

子どもはときどき、大人が理解できないことをしでかすものです。

壁にクレヨンで落書きしたり、外出先で大騒ぎしたり、触ってはいけないものに触ったあげく壊してみたり、あるいは友達に暴力をふるってみたり。

どれも「してほしくない」ことであり、「悪い行い」であり、親にしてみれば「なんてことをしてくれたの!」と頭を抱えたくなるようなことです。

こんなとき親は「悪いことをしたのだ」としっかり認識させる一方で、「もう二度としてはいけない」と釘を刺さなければならない、とまず思います。さらに、その行動による驚きや怒りも表現しておきたいという気持ちも生まれます。

その結果、飛び出してくる言葉は「こらっ!」「ダメでしょ!」「何してるの!」

という叱責の言葉。みっちり叱ったあとになんらかの罰も考えるという家庭もあるかもしれません。

しかし、それ以前に「なぜ？」があったはず。なぜそういうことをしたのか、またはなぜそう思うのか。決して問いつめるのではなく、責めるのでもなく、シンプルに「あなたがどうしてそういうことをしたのか・思ったのか、お母さんは知りたい」という態度で子どもの心に問いかけてみましょう。

たとえば小さな子どもが床にクレヨンで落書きをしたとき。「何してるの！」ではなく、「スケッチブックもあるのに、どうして床に書いたの？」と聞いてみる。また、受験が近いというのに塾をサボったときは、「今までサボらなかったのに、なぜ今日は行かなかったの？」と聞いてみる。

重要なのは、「なぜ⁉」「どうして⁉」と問いつめるように使うのではなく、「わからないことを教えてもらう」ためにシンプルに使うこと。素朴な疑問を発するように、声のトーンもいつもと同じように発します。

すると子どもは、「何がしたくてそれをしたのか」「どういう気持ちだったのか」を、つたない言葉ならつたないなりに、自分の感情を言葉にします。

大人でもうまく自分の感情を言葉するのは難しいものです。その難問に子どものうちから向き合うことは、言葉の力を広げるのにとても役立ちます。

それればかりか、常に自分の気持ち・考えを周囲に伝えるという積極性も身につくに違いありません。

同時に、自分の中に眠っていた感情を親が引き出してくれたという事実は、「親はわかってくれる」という信頼感にもつながります。

子どものすることに対して親はついつい「ダメでしょ！」「何してるの！」という制止や詰問の言葉が多くなりがちです。しかし、それらの言葉は子どもの心や気持ちを頑なにし、閉じ込めてしまうばかり。

「なぜ？」の使い方で子どもの感情を引き出し、心を解放させることができたら、それはとても素晴らしいことだと思いませんか？

やる気を引き出す言葉③ ―「どうする？」

「人生は選択と決断の連続」という言葉があるように、人は日々さまざまなことを選び、決めて生きています。

「選択と決断」というと大げさに聞こえるかもしれません。しかし、人は「目覚まし時計が鳴って、起きるかどうか」という単純な選択から、「なぜこの人と結婚したのか」というように、人生を左右する大きな決断もしています。

同時に、子どもがいたずらをしたときに、笑って受け流すか怒るかも、自分の選択。「子どもが悪いことをしたから怒る」のではなく、自分が〝怒る〟という選択をしただけ。他にある「冗談として受け流す」「理由を聞く」「なかったことにする」など、多くの選択肢から「怒る」を選んだのは、他でもない自分自身なのです。

子どもはまだ判断力が未熟で、なかなか決めることができません。

たとえば朝起きた後、何に着替えればいいか、どの服、どの靴下を選べばいいかがわからず、いつまでたってもパジャマのままでぼーっとしている姿は、よく見る光景でしょう。

子どもにとってはたくさんの選択肢の中からたったひとつを選びとるのはとても難しいもの。しかも、それがあまり興味のないものならなおさらです。「今日は何を着るか」などどうでもよいと思っている子なら、関心がタンスの中の服からその隣にある本棚のマンガにいってしまい、つい手に取って読み始める、ということも。

こうした「選べない」子どもに対して、親がやりがちなのが「○○にしなさい」と決めつけてしまうこと。たとえば先の例なら、着る服と靴下をセットにして出してしまうのです。

これは、子どもにとってはとてもラクです。しかしこれが続くと、自分では何も判断できない子どもになり、あらゆることに対して親に「どれがいい？」と聞くようになってしまいます。

自分の意見がないということは、あらゆることに対して自分の意志で関わっていく主体性がないということ。

大人になっても、「どうする？」「何にする？」と聞かれたとき、「なんでもいい」と答える人がいますね。自分では何も決めず、提案もせず、ただ人が決めてくれるのを待つ。主体性のない人は、周囲にとってわずらわしい存在です。

こういう大人にしないためにも、子どもの頃から「自分で選び、決める」習慣を身につけさせることが重要です。

そのための言葉が「どうする？」です。

何を着るか、何を食べるか、次の旅行先はどこにするか、塾に行くかなど、あらゆることに対して、「どうする？」と聞いてから、答えさせます。

ただこれは、「きちんと答えを出してハッキリさせる」という意味ではありません。「塾に行きたいかどうかは、いまはわからない」というグレーな答えでもいいのです。

重要なのは「いまの自分の気持ち・自分の意見」を言わせること。もし、ハッキリしないと困ることなら、「じゃあ、今度の土曜日までに考えておいてくれる？」と宿題にするのもいい方法でしょう。


「どうする？」は子どもに何かをやらせたいときにも使えます。たとえば「宿題とお皿洗い、どっちにする？」と聞いてみる。冷静に考えれば「え？　なんでそんな選択肢が出てくるの？」というところですが、「選択を迫る場」ができ上がってしまうと、どちらか選ばないわけにはいかなくなります。

この方法は、特に反抗期の子どもに効果がある会話テクニックです。「夏休みの家族旅行はどこに行く？」と聞くと、「行かない」という答えが入り込む余地があります。しかし「北海道と沖縄のどっちにする？」と聞いたらどちらかを選ぶしかなくなり、「行かない」は生まれません。

「どっちにする?」「どうする?」と提案され、選ぶのは自分の意志であり、主体的な行動。子どもも納得します。

子どもがやるべきことをやらないときには、さらに高度なテクニックとしてビジネスの現場でよく使われるコミュニケーション技術、「ノーセット」があります。これは、無理難題を押しつけ、「そんなのヤダ(ノー!)、こっちがいい!」と言わせる心理学を応用したワザです。

たとえば、宿題をしない子どもに対して、「わかった、宿題なんかしなくていい。そのかわり、宿題をやらせなかったことがわかったらお母さんが怒られちゃうからもう学校をやめて、家でうちのことをやってよ。そうすればお母さん、もっとたくさん働けるから!」と言ってみる。子どもは「そんなのヤダ! 宿題する!」となります。「そんなのヤダ!」とつい言ってしまうような交換条件を出せるかは、親の腕次第。ゲーム感覚で楽しんでしまいましょう。

やる気を引き出す言葉④――「わかるよ」

子どもは言葉を通して自分の気持ちや意見を伝えたり、相手のことを理解する言語能力が未熟です。それは、言葉の理解度が低いだけでなく、語彙も少ないということにも原因があります。そのため、言葉を聞いて、その裏に隠された気持ちを理解することがうまくありません。

相手を引きつけたくて「もう知らない」という言葉を使う大人の駆け引きも、子どもは言葉通りに受け止めて、深く傷ついてしまうことがあるのです。

また、子どもは語彙が少ないため、自分の気持ちを表現することが苦手で、何かトラブルが起きても状況を説明することもうまくありません。そのため、何が起きたかはもちろん、自分がどんな思いをしているのか、親にどう対応してほしいのかも、うまく伝えることができないのです。

「親子のコミュニケーションは、子どもの話を聞くことが第一」とお伝えしました。その大きな理由に、子どもの言語能力の低さがあります。子どもは自分が言いたいことをうまく表現できないからこそ、しっかり話を聞いて言いたいことを引き出してやることが大切なのです。

頭ごなしに「ダメでしょ！」と叱りつけたくなるときでも、子どもにしてみれば理由があり、言いたいことがあります。ただそのとき、言葉がスッと出てこないのです。それは「なんて言えばいいのかな」「状況をうまく表現する言葉は何か」わかっていないことも理由のひとつ。

それなのに、いきなり叱りつけられるとそれ以上何も言えなくなってしまいます。そればかりか言い方がわからないからと考えるのもやめてしまいます。

こうなると頭の中にあるのは「いきなり怒られた」「話も聞いてくれない」「悪いと決めつけられた」という理不尽さに対する憤りばかり。自分がしたことを省みようとする思いは消し飛んでしまいます。

ここでさらに「ごめんなさいは!?」などと強要されたら、理不尽だと感じる気持ち・憤りはますますふくれあがります。

子どもを叱ったとき、子どもがふくれて何も言わなくなってしまった、という経験もあるでしょう。

親としては怒りが倍増するシーンかもしれません。しかし子どものほうも言いたいことが言えず、またなんと表現すればいいのかわからず、それなのに頭ごなしに怒られた、と二重三重の憤りを感じているのです。

こうしたときは、まず先に説明した「どうしたの？」を思い出し、子どもの言い分を聞いてください。

もし言っていることがわからなくても、「わからない」は禁句。発した言葉をそのままおうむ返しにして、言葉を引き出してください。その上で、「それは○○ってこと？」とその状況や感情にあてはまる表現を伝えます。

そして、こんなときぜひ使ってほしいのが「わかるよ」という言葉です。「叩いたのはなぜ？」「…おもちゃを使ったの」「おもちゃを？　あなたが使っていたものを？」「…そう」「勝手に使われちゃったってこと？」「そう」「わかるよ、悔しかったんだよね」といった具合です。その上でこの場合なら「でも、叩くのはいけない」ことを伝えるのです。あるいは、「叩かずにおもちゃを取り返す方法」を一緒に考えるのもいいでしょう。

「わかるよ」が必要なのは、幼い時期だけではありません。反抗期、親の言うことを聞こうとしない子どもに対しても「わかるよ、面倒くさいもんね」といったん受け入れることで、子どもの調子を崩すことができます。親のイライラをやわらげる効果もあるので、ぜひ使ってみてください。

やる気を引き出す言葉⑤―「そうだね」

あらためて言うまでもなく、子どもは未熟です。言うこともやることも間違いが多いし、ミスもたくさん。むしろ失敗せず、間違いもないことのほうが珍しく、イレギュラーです。親は「そうじゃないでしょ！」「何をしているの！」と、間違えたことに対して怒りますが、特に幼児期には間違えないこと自体が無理というもの。小学校中学年くらいまでは「子どものやることは、ほとんどが間違い」と思うくらいがちょうどいいのかもしれません。

とはいえ、間違った言動や失敗を放置しましょう、というわけではありません。たとえば、コップをひっくり返してしまったとき、「あ〜あ、何をしているの！」といきなり怒るのはＮＧ。わざとしたわけでもないのに「何をしているの」はそもそも理不尽すぎますね。この言葉、つい使ってしまう人も多いでしょうが、子どもが「あえてやっている」こと以外に使うのは、やめましょう。

この場合親がよくやりがちなのは「こんな端に置くから、ひっかけて倒しちゃうんじゃないの！」という言い方です。

まさに正論。親としては二度と同じミスを犯してほしくないから、教訓も込めながら怒っている、といったところでしょう。

しかし、こう次々言われると、子どもの許容範囲を超えてしまいます。「コップをひっかけてしまった自分」→「コップが倒れて水浸し」→「たいへんな事態を招いた自分」と、頭の中がパニック状態。こんなときに親から「現状に対する怒り」と「未然に防ぐ方法があった」を一気にぶつけられては、大混乱です。中には固まってしまう子どももいます。これはまさに対応不能の状態に陥っているのです。

親としての正解は、コップが倒れる前に「そんなところに置いたら倒れるわよ」と指摘してやること。もしそれができなかったら、まずは子どもと一緒に淡々と水浸しになったテーブルを片づけることです。その上で「端に置いたからコップが倒れちゃったね」と指摘すること。あるいは「なぜコップが落ちたと思う?」と考えさせます。子どもが自ら答えを導き出したら「そうだね」と認めてあげることができれば、これがベストの対応です。

「子どものやることは、ほぼ間違い」と思えば、さらに、「トラブルを未然に防げなかった自分」に目を向けることで、子どもへの怒りをそらし、次回からどうすればいいかを考える余裕も生まれるのです。

その上で使ってほしい言葉が「そうだね」という肯定の言葉です。

「子どものやることは、ほぼ間違い」なのですから、子どもの言動に対しては「違う」「そうじゃない」「ダメ」など、否定の言葉が自然と多くなります。

しかし、自分が言うこと・やることに対して否定されてばかりいると、子どもは卑屈になります。否定の言葉は、「あなたのやることはいつも間違いだらけ」と決めることに他なりません。「だって、本当に間違ったことなんだから、仕方ないでしょう」と思うかもしれませんが、やったことは間違いだとしても、それをした気持ちは間違いでない可能性を、忘れてはなりません。

公園の花を摘んでしまったのは、誰かにあげたかったのかもしれません。友達をぶったのは、その子が先にぶったからかもしれません。塾をサボったのは、先生に酷い言葉を投げつけられたせいかもしれません。


親としては、子どもがしでかした結果を見た瞬間、頭に血が上って「何してるの！」と怒りたくなるでしょう。

しかし、そんなときは頭の中で10数え、間をおきましょう。それから「なぜそんなことをしたのか」を聞いてください。その上で、「そうだね、○○がしたかったんだね」と気持ちを受け入れてやることです。

間違いばかりの子どもは、否定されることに敏感になっています。だからこそ、「肯定の言葉」で受け入れてやることで、間違いをあらためる勇気が生まれるのです。

ただし、「気持ちはわかるけれど、やってしまったことは間違いだった」ということはぜひはずさずに。「正しい気持ちでやる行為はすべて正しい」わけではないことも、伝えてほしいと思います。

やる気を引き出す言葉⑥――「すごいね！」

親は自分の役割を「親として子どもをきちんとしつけることだ」と考えがちです。この結果生まれるのは、「子どもを否定する親」です。

子どもを否定する親は、子どもを愛せない親とは限りません。もっとよく育ってほしい、もっと上のレベルを目指してほしいというように、いまよりも高く伸びてほしいと願う親ほど、「ここで満足しちゃダメ」「もっとできるはず」と子どもの尻を叩きます。「子どもに期待することのどこが悪いの？」「成功してほしいだけよ？」など、悪いことをしている意識はまったくないのも、こうした親の特徴です。

しかし、これはとてもマズいこと。

親が子どもに対して何よりしなければならないこと。それは子どものすべてを受け入れ、肯定することに他なりません。

「あなたはいまのままでいい。このままのあなたが素晴らしい」

このメッセージは、常に発信してほしいと思います。

「現状に満足したら、成長はない」と思うかもしれません。

たとえば今まではテストの最高点が95点だったとします。そして、次こそは１００

点！　と毎日猛勉強を重ね続けた結果、次のテストで98点を取ったとしましょう。

　このとき、子どもの中では「がんばったから点数が上がった」という誇らしさと「あんなにがんばったのに１００点取れなかった」という悔しさがごちゃ混ぜになっています。ここで親が「たった2点を落とすなんて…」と否定したら、子どもの中にあった「がんばったから点数が上がった」という誇らしさは跡形もなく消え去ります。代わりに浮かぶのは「次こそがんばる！」ではありません。「あんなにがんばったのに」という悲しさです。これが続くと、子どもはがんばること自体、やめてしまうのです。「どうせ親は満足しない」と思ったら、がんばる意味がないからです。

　反対に「すごい！　がんばったもんねぇ。だから3点もアップしたんだね！」と全面的に肯定したら、どうでしょう。もしもその後で「でも、あと2点で１００点だったのに、惜しかったねぇ」と残念な気持ちを表わしても、受け止め方はまったく違います。「親が褒めてくれた」「がんばったのをわかってくれた」と確信を持つことができれば、一緒になって「実はうっかりミスしちゃったんだよね。次は絶対に１００点を取る！」と、新たな目標に向かって、自ら走り出すことができるのです。

　肯定されて育った子どもは、自ら努力を重ねます。新しいこと挑戦する勇気も持ちます。反対に、否定されて育った子どもは、それ以上否定されることを避けるため、失敗を恐れて挑戦を避けます。

子どもは常に親に認められ、愛されたいと願っています。認められ、愛されて育った子どもは、もっと認められ、愛され、喜んでもらうためにがんばります。決して尻を叩かれ、期待されるからがんばるのではありません。

では、子どものすべてを受け入れている、肯定しているというメッセージは、どのように発信すればいいでしょうか。

それこそが「すごいね！」という称賛の言葉です。

しかし、間違ってはいけないのは、「すごいね」は決して結果に対して使ってはいけないということです。

１００点取ったことがすごいのではありません。がんばって勉強したことがすごいのです。感謝状をもらったことがすごいのではなく、自分からいいことをしたことがすごいのです。

ですから、理想は「結果が出る前に、素早く・的確に褒めること」。勉強をしていたら「1時間もやってすごい」と量を褒めるのではなく、「集中ぶりがすごい」と質を褒めることも重要なポイントです。

「褒めるところ」を発見するつもりで子どもを見ること。そんな姿勢が親子関係をよくし、子どもを伸ばすのだということを、どうか忘れないでください。

やる気を引き出す言葉⑦―「ありがとう」と「ごめんなさい」

「ありがとう」「ごめんなさい」を自然に言えること。これは人としてとても大切なことです。ふたつの言葉は人間関係をスムーズにし、場の空気を和らげる魔法の言葉だと言えるでしょう。

でも、「ありがとう」はスッと言えても「ごめんなさい」は難しいもの。この言葉を発したとたん、全面的に非を認めるような気がして、やすやすと使いたくないと思う人はたくさんいるようです。

ちょっとデリケートな問題をはらむ「ごめんなさい」ですが、家庭内では大いに使いたい言葉です。

・何かしてもらったときは「ありがとう」という。
・自分が悪いことをしたときは、素直に「ごめんなさい」という。

このふたつは、子どもが幼いころから「しつけの基本」として繰り返し教えている人も多いことでしょう。

子どものころからの習慣で「ありがとう」と「ごめんなさい」が自然に使えるようになることは、とてもいいことです。しかし、子どもに「ありがとう」と「ごめんなさい」の大切さを教えている親自身はどうなのでしょう。

外出したとき、いろいろな人に「ありがとう」「ごめんなさい」を自然に使えているでしょうか。特にお店の人に対して「ありがとう」「ごめんなさい」あるいは「すみません」を言う姿を見せないのでは、せっかくのしつけも意味がないと感じるのは、僕だけではないはずです。

さらにもうひとつ気になることがあります。

それは、親自身が子どもに対して「ありがとう」「ごめんなさい」を言っているかどうか。子どもに対して「ありがとう」や「ごめんなさい」を言わない親は、実は多いのではないかと思っています。

こちらも問題は「ごめんなさい」。親は子どもより上の立場だとし、「親の威厳」にこだわる人だと、間違ったことをしたり、約束を守れないなど、謝らなければならないときでも「ごめんなさい」を言わないケースが多いのです。「だって、仕方ないじゃない」と開き直っていませんか？　そんな態度は、子どもに「悪いことをしたときは開き直ったり、怒ったりすればやり過ごせる」という最悪な教育をしていることになります。

親だって人間です。間違えることは当然あります。どんな立場の人でも、間違いを犯したときはきちんと謝ること。そして謝罪されたら受け入れ、過ちを許し、力を合わせて失敗を挽回するように努力する。

それが当たり前になったら、もっと暮らしやすい社会が実現するに違いありません。その第一歩が、子どもへの接し方にあると思うと、親は責任重大です。

「ありがとう」も「ごめんなさい」も互いに素直に言い合える社会は、居心地のよい社会。そんな理想を現実にするのは、子どもの頃からの習慣づけ。あなたが子どもに「ありがとう」「ごめんなさい」を素直に言うことが、よりよい社会をつくる一歩。ちょっと大げさに聞こえるかもしれませんが、僕はそう思っています。

5章

将来の可能性を広げるマインドマップ

子どもの可能性を広げられるのは、あなたにしかできない

「子どもには無限の可能性がある」とよく聞きます。まっさらな状態で生まれてきた子どもの可能性は、まさに無限大。運動能力などは、生まれ持っての資質もあるとも言われますが、一流アスリートの幼少時代を見てみると、幼い頃からスポーツに取り組んでいた例がほとんど。反対に、幼いころはまったくスポーツと無縁の生活をしていて、ある程度成長してから始めたところ、めきめきと頭角を現して一流選手になったという話は、あまり聞きません。子どもの能力が花開くかどうかは、資質よりも環境とは、各方面の専門家が指摘しています。そう遠くない未来、自分の子どもが才能を開花させ活躍するのは、決して夢物語ではないのです。

だからといって、何もしないのに「才能」が花開くはずがありません。一流のアスリートも幼少の頃スポーツを始めたのは、ほとんどがそのスポーツをやっていた親の影響。親によって才能のタネがまかれているのです。

つまりは、子どもの才能が花開くかどうかは親次第。仮に素晴らしい才能を持って生まれたとしても、親が何もしなければ、それはタネのまま終わってしまうこともあります。

子どもの可能性は無限大です。子どもはどんなものにでもなれる可能性を秘めていますが、それがスポーツなのか音楽なのか絵画なのか、はたまた文学なのか科学なのかはわかりません。だからといって手当たり次第に試していては、どれも中途半端に終わってしまうでしょう。

「自分の子どもの中に眠っている才能は何か」「何を伸ばすか」を見出すのは、まさに親の力。見落とさないための秘訣をお伝えしましょう。

●できるだけいろいろなものを提示する

子どもは好奇心旺盛です。誰かがおもしろそうなことをやっていたら、親が無理矢理押さえつけても駆け寄っていくのが子ども。特に男の子はこの傾向が強く、テレビでサッカーを見れば「サッカーをやりたい」と言い出し、野球を見れば野球をやりたがります。その中にきっと才能を開花させるものがあるはずです。まずはそれを見つけさせましょう。

たとえばスポーツなら、さまざまなジャンルのスポーツを見せることから始めます。テレビで見るのもいいですが、ルールを理解できない子どもにとってテレビでのスポーツ観戦は退屈なもの。最初は生のプレイを見せてあげるといいでしょう。理想的なのは中学や高校、あるいは地元チームの練習を見に行くこと。野球、サッカー、バスケット、テニス、水泳なら地域のどこかで練習をしているはずです。

スポーツにあまり関心を示さない子どもなら、囲碁や将棋、天体観測、昆虫採集やバードウオッチングなどもいいですね。また、ピアノやバイオリンなどの楽器、絵画や造形などは、教室見学の前に美術館などに連れていくのもおすすめです。

いろいろなものを見せるうち、目を輝かせる何かが必ず見つかるはず。よりバラエティに富んだものを見せて才能の「タネ」を植えつけましょう。

●「やってみたい！」に応える

いろいろなものを見せるうち、「やってみたい！」と言い出すものが現れます。そうしたら、迷わずやらせること。楽器の購入など初期投資が必要なものは、「絶対にやめないって誓えたら、やらせてあげる」と約束させるのもいいですが、子どもによっては「じゃあ、やらなくていい」となる可能性もあります。それを防ぐには、続けると思えるまで道具はレンタルするのも方法です。

そうして習い事を始めると、必ずと言っていいほど「やめたい」と言い出す日がきます。習い事に限らず、すべての新しい挑戦は「勢いよく始め、壁にぶつかり、苦しみ、乗り越える」までが1セット。一生懸命やればやるほど、上のステップに進もうとするたびに壁にぶつかります。このとき親がどう対応するかは、最初に決めておくことが必要です。「必ず壁はあるものだから、がんばって乗り越えろ」とするのか、「プロになるわけではないので、別のものに替えるのか」それとも「一度やると決めたことは、最後までやり遂げろ」というか。

僕が提案したいのは「3回やめたいと言ったら、もう限界」とする方法です。どんな習い事でも、1回は「やめたい」と言うはずです。そうしたら、なぜやめたいのか、その理由をしっかりと聞いた上で「壁」の存在を伝えるといいでしょう。そしてしばらくがんばらせて、2回目に「やめたい」と言ったら、再び「もう少しがんばってみたら？」で、続けさせます。これで壁を乗り越えることができたら、その習い事はしっかりと根づくことでしょう。

しかし、それでも「やっぱりやめたい」と言ったとき。同じ訴えを3回するということは、もう限界を超えています。すっぱりとやめさせましょう。

「キュリオシティ」で子どものココロに火がつく

行動心理学では、人が何かを始めようとするときに心を突き動かす「好奇心」を「キュリオシティ」と呼びます。NASAの火星探査ミッションで用いる宇宙船に搭載された探査車の愛称としても知られています。

大人も子どもも、あらゆる行動の源にはキュリオシティがあり、それが未来を切り開く大きな力になります。

何かに出会い、ココロを激しく引きつけられる。それが好奇心の始まりです。そして、「これは何?」「どうなってるの?」「なぜ?」と、次々と疑問が湧き上がり、それが行動を生み出し、さらに引きつけられていく。好奇心は子どものココロを刺激し、新たな行動へと駆り立てていきます。この過程が子どもの知力・体力・行動力など、すべての力を高めるのです。

子どもの成長に欠かせない好奇心ですが、最近すべての始まりであるキュリオシティが欠けている子どもが多いように感じます。

たとえば、医師や弁護士になりたいという子どもをよく見聞きしますよね。ところが彼らがそれらの職業に就きたいと思うのは、「医師」「弁護士」という職業に対して興味があるとは限らないケースをよく見るのです。「理系の頂点だから医学部を目指す」「文系の頂点だから法学部を目指す」という例の、なんと多いことか。

本来なら、「体の仕組みを知りたい」「困っている人を助ける方法を知りたい」という興味が根底にあり、その興味を満たす職業は何かという疑問が起こり、医師なり弁護士なりを目指すという行動に繋がっていくはずです。

なのに、「親がすすめるから」「自分の力を試したいから」と、あえていうなら安易に将来を考えてしまう。これはとても危険なことです。

さらに、興味や好奇心という、自分の内側から湧き上がってくるものに裏づけられない行動はとても弱く、挫折しやすいという特徴があります。

小学生のときから猛勉強して難関の中高一貫校に入り、さらなる高みを目指して超難関の医大に合格し、勝ち組人生を謳歌しようとしたら、実は医学などにはまったく興味が持てないことに気づく。こんな学生が増えているといいます。

こんな虚しい人生を送らせないためにも、子どもが夢中になって取り組める「何か」を見つけてやることが、とても重要なのです。

では、夢を実現させるための3つのポイントをご紹介しましょう。

①興味を持たせれば、子育ては9割成功する

子どもには「夢」を持ってもらいたい。そう思うなら、「夢」のタネを見つける方法として、まずさまざまなものを見せ、体験させることを提案しました。それは、言い方を変えれば「子どもの興味を惹きつける〝何か〟を探す」作業。

人が何かを始めようとするとき、何はなくとも必要なものは「動機」です。それを通して「どんなふうになりたいか」など、未来への期待や想像が動機になることもありますが、何より強いのは「おもしろそうだからやりたい」というシンプルなもの。これが生まれたとき、人の行動力は強力になります。

前の項で説明したのは、この「やりたい！」を見つけるための方法でした。しかし、親ができるのは「子どもが興味を持ちそうなもの」を見つけるまで。後は子どもの心に任せるしかありません。

ところが、子どもが「やりたい！」「おもしろそう！」と興味を持つ前にやらせてしまうケースをたまに見かけます。「やってみないとおもしろさはわからないのだから、とりあえず始めてしまったほうがいい」というわけです。

これを完全に否定することはできません。「どこがおもしろいのか、さっぱりわ

からない」というものは、確かに存在します。そして、おもしろさがわからないいま始めたら、その奥の深さを知ってすっかり夢中になってしまう…。こんなこともあるでしょう。もしそうなら、「あのとき親が無理矢理ここに連れてこなければ、今の自分はなかった」と深く感謝することになるはずです。

しかし、興味がないのに「とりあえずやってみなさい」と子どもにやらせるのは、大きな賭け。やってみて初めておもしろさがわかり、ハマってしまうこともある一方で、「親がすすめるのでやっているけれど、まったくおもしろさがわからない。そもそもなぜ自分がこれをしているのかもわからない」となる危険性も秘めているからです。

「これをやらせたい」があるときは、実際にやっているところを見せるなどしてその魅力に触れさせ、「おもしろそう！」という気持ちを起こさせるのが、失敗しない秘訣です。

こうしてさまざまなものを見たり触れたりするうちに、いずれ「これっておもしろそう！」という、興味を惹きつけられるものに巡り会うはずです。

②選択をさせれば、決断力がある大人になる

子どもは無限の可能性を持っています。なろうと思えば、なんでもなれる、それが子どもというものです。とはいえ、「無限」とは、実は「何もない」ことと極めて近いのだということにお気づきでしょうか。

「目の前には無限の道が広がっている」という言葉があります。では実際に「無限の道が広がっている」とは、どのような状態でしょう。それはあらゆる方向に無数の道が延びている状態、そこからたった１本の「自分の道」を見つけることなど、不可能と言えます。

可能性とは、無限の状態からしぼり込み、そこに「道」を見つけること。そのために必要なのが、先にもお伝えした「選択と決断」に他なりません。

このとき親がやってしまいがちな過ちに、「選択肢をしぼる」ことがあります。先ほど「可能性とは、無限の状態からしぼり込むこと」だと言いました。つまり、選択肢をしぼること、だと。

しかし、それは「親がやる」ものではありません。

無限に広がる可能性という荒野から、ひとつずつ選択肢をしぼりこみ、自分が進

むべき道を選ぶことは、子ども本人にしかできないことです。

得てして親は、「子どもにはわからない」と言って、本来は子どもがやるべき「選択」という重要な作業を取り上げてしまうのです。これは大きな間違いです。

その一方で、「自主性を重んじるから」と言って一切口出ししないのも、親として手抜きだと言わざるを得ません。

もし、子どもに選ばせるのなら、親はそこから生まれたすべての責任を負う覚悟を持たなければなりません。その「覚悟」の中には、ひどい遠回りな道を選択してしまって独り立ちが遅れたときの経済的なフォローも含まれるし、何者にもなれず、歪んでしまったココロのケアも含まれるかもしれません。

いずれにしろ、「自立して生きることができる人間にする」という、子育て本来の目的から大きく踏み外すことになり、まったくおすすめできません。


では、親はどうするべきか。

僕は、親の役目には「子どもの前にあるテーブルに選択肢を並べる」があると考えています。

子どもの前に広がるのは「可能性」という名の荒野。そこで迷子にさせてはなりません。たとえば、「世界を舞台に活躍する人になる」という夢を持ったとしても、そこで「↓まずは英語力↓アメリカに語学留学↓授業についていけない↓大学に進学できないまま帰国↓ニート」などと大きく道がそれ、当初の夢がいつの間にか消えてしまう。これが迷子の状態です。

こうならないためにも、親には厳選した「選択肢」を子どもに示すという、重大な役割があるのです。とはいえ、ここで選択肢を間違える親もたくさんいます。最も悪いのは、最終目標が狭まる選択肢しか示せないこと。

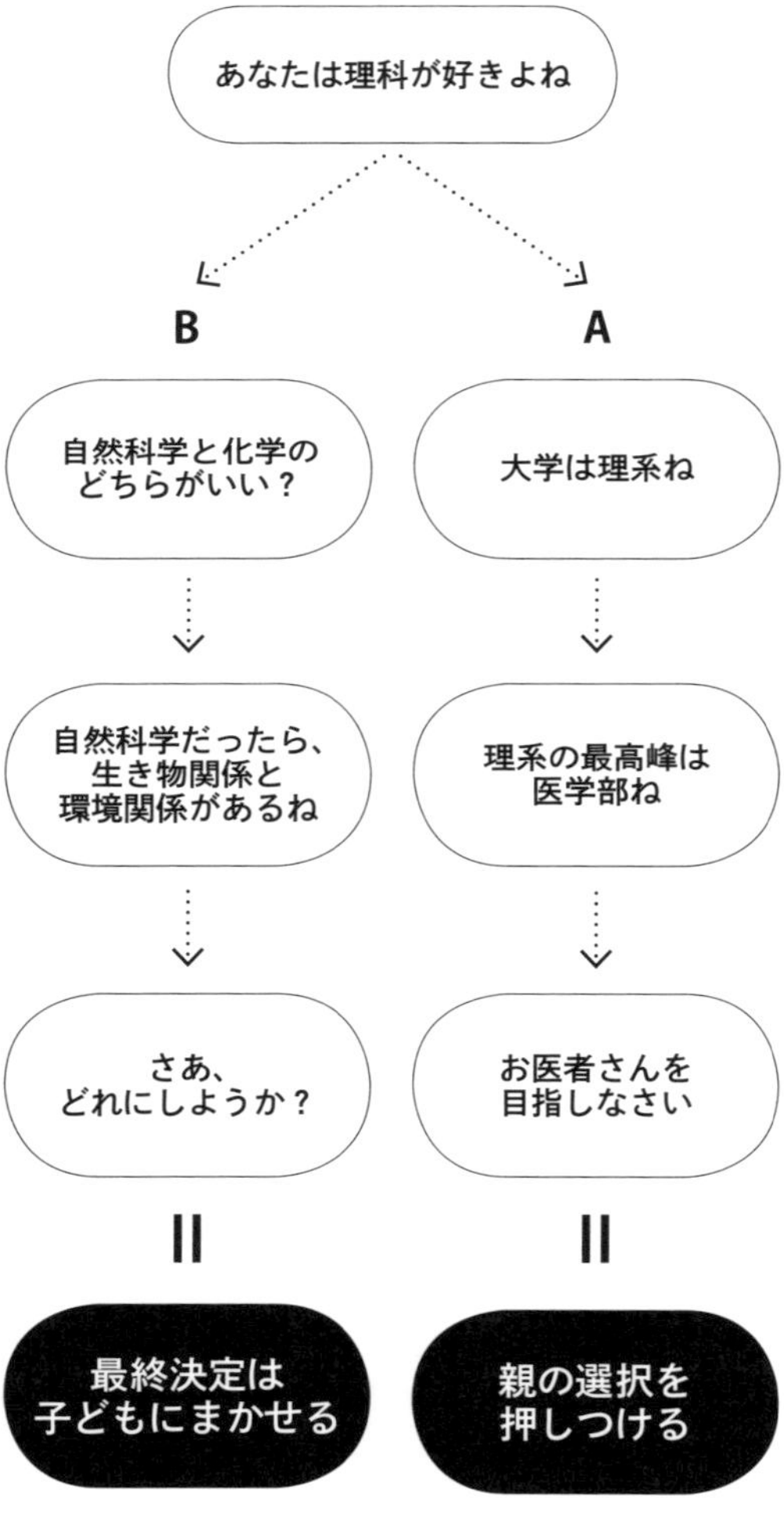

Aの選択肢の示し方は、広がっているように見えて実は先が狭まっていることに、気づきましたか？

Bは、大事なところで子どもに選ばせつつ、新しい選択肢が次々と表れるような提示の仕方をしています。

すると、「理科が好き＝医者」という狭まった未来から、「理科が好き＝自然のことが好き＝生き物と環境、どちらにするか、これから考えよう」というように、予測のつかない未来があることはワクワク感をもたらし、いつまでも夢を見ることができます。しかも、それは絵に描いたような夢物語ではなく、自分の進み方によって十分実現可能な夢なのです。

未来に向かって広がる選択肢と、未来が狭まりひとつのゴールにしかない選択肢。子どもの可能性を広げ、夢が持てるのは、前者しかありません。

未来に広がる選択肢を見つけるために有効なもうひとつの方法として、「問いかけ」があります。質問を重ねることで、子どもが自分で答えを見つけるように導く方法で、質問者はただ根気よく質問を繰り返すことがポイントです。

以前、「歌手になりたいから大学には行かない！」という女の子の相談を受けたことがあります。普通なら可能性の低い歌手を目指すより、進学するべきでしょう。しかし、それでは彼女の気持ちを無視して僕の考えを押しつけることになります。そこで僕は「なぜ歌手になりたいの？」と聞きました。すると「小さい頃からの夢だったの」という答えが返ってきました。そこから「なぜその夢が生まれたの？」とさらに聞いたのです。「みんなの前で歌ったら褒められて、それがうれしくて」と返ってきたら、さらに「どんなふうに？」「なぜ？」と質問を重ねていきました。

そうして質問を重ねるうち、彼女は親が弟ばかりをかわいがって、自分は構ってもらえないという思いがあったこと、でも歌ったときに初めて褒めてもらえたことがわかってきました。彼女の「歌手になりたい」という気持ちの裏に、「親に認めてもらいたかった」という寂しさが隠されていたのです。

繰り返し質問に答えていくことで彼女は封印してきた自分の気持ちに気づくことができました。そして「大学に通いながら歌の勉強をする」という道を見つけることができたのです。親に認めてもらう方法は歌だけではない、それに気づくことができた彼女の表情は晴れ晴れとしていました。

このように、自分で答えを見つけることができれば、もう迷いはありません。あとは自分で選んだ道を進むだけ。

親として、その道の入り口に子どもを立たせることができれば、大成功です。

③プレッシャーを与えない期待の仕方

子どもに期待すると、それがプレッシャーになって子どもがつぶれてしまわないかと心配する親がいます。だから「子どもには期待せず、自由にさせる。そのほうが子どもは伸びていく」のだと、続けます。

しかし、そうなのでしょうか。僕は違うと思います。もちろん、過剰な期待をして、「学年でトップになりなさい」と押しつけるのは間違っています。そうではなく、子どもの得意なことや個性を見極めた上で、「あなたならきっとできる！」と期待するのは、子どもに一歩踏み出す勇気をもたらし、自信をつける源になるはず。

つまり、「期待」にも上手・下手があるのです。

では、「上手な期待の仕方」とは、何でしょう。

ここで「比較優位・絶対優位」という考え方をご紹介しましょう。

たとえば、家事の場面。お母さんは料理が得意で、1時間もあれば5品完成させることができます。ところが、お父さんだと1時間半かけて2品がやっと。しかし風呂掃除となると、お父さんは30分で浴槽はもちろん、壁までピカピカにできますが、お母さんでは浴槽しか洗えず、壁は週末にまとめてやるしかありません。

このように、得意なことを見つけて伸ばしていく。他の誰かよりも優れていることを見つけることができれば、それはその人の「個性」になるし、個性を伸ばして生きることは幸せに繋がります。それが「比較優位」です

対して「絶対優位」とは、すべての面で圧倒的に優れることを目指す考え方です。親は子どもに期待を寄せるとき、知らず知らずのうちに「絶対優位」の考え方をしがちです。算数も国語もできて、音楽も上手でスポーツも得意、というふうに。これが高じると、せっかく算数でいい点を取ってきたのに「でも、国語は赤点だったよね」とか、短距離走で1位をとったのに「勉強のほうでもがんばってくれたらいいのに」とか、わざわざ劣っていることに目を向けてしまいがちです。それは「期待しているからこそ」でしょうが、言われたほうはたまりません。

そんな「絶対優位の期待」はきっぱりと捨ててしまうこと。そして、「比較優位」の視線で子どもを見つめ直し、いいところを見つけましょう。

具体的な方法としては、

①子どもに自分自身を言葉で表現させる

〝自分〟について考えたときに浮かぶ言葉のすべてを書き出しましょう。「かけっこが早い」「電車が好き」「虫が苦手」など、ささいなことで構いません。

②書き出した言葉を、親子で3つにしぼる

それぞれの言葉を説明させながら、3つにしぼります。ただしこのとき、親の意見は言わないこと。「これはどういうこと？」「ふーん、そうなんだ」「じゃあ、こっちは？」と、子どもが3つにしぼるのを後押しするようにします。するとそこから、「子どもが好きなこと・得意なこと・人と比べて優れていること」が浮かび上がってきます。それは、「私の子どもはどういう人間か」をあらためて強く意識することにつながります。そして、子ども自身も、「自分はこういう人間なんだ」という意識を持つようになります。

「比較優位」で自分自身を解き明かすと、進むべき方向が見えてきます。たとえば「国語が好き」と自分を表明することは、自分の得意分野を強く意識すること。さらにがんばるモチベーションも上がります。

「比較優位」はそのときどきで変わります。極端な話、日々変わっても構いません。たくさんの「自分が好きなこと・得意なこと・優れていること」が挙げられるほど人生は豊かになり、自分自身を好きになることができます。それだけでなく、親もムダな期待で子どもをつぶす危険性がなくなるのも大きなメリットです。

言葉遊びのような感覚で試してみてください。きっと、子どもが変わっていくに違いありません。

子どもの未来を描く「マインドマップ」

親が子どもに対して「こんな子に育ってほしい・こんなことをやらせてみたい」と願うのは、当たり前のこと。でも、だからといって親の願いを押しつけたり、興味もないのに無理にやらせるのは間違っています。

子どもがおもしろがって取り組んでくれるなら、いろいろなことをやらせるのは可能性をさらに広げてくれます。

そこで、とっておきの方法をご紹介しましょう。

それは「マインドマップ」。

自分の思いを心のままに書いてみて、それにむけて今できることをひとつずつ考えていく方法です。

マインドマップをつくることで、どう育てればいいか、何から始めればいいかなど、今までごちゃごちゃに混乱していたことがスッキリします。心の整理がついて、子どもに無理強いしたり、イライラすることもなくなります。

では、具体的な方法を説明しましょう。

まず、子どもの興味、キュリオシティに注目しましょう。興味こそすべての始まりであり、人を突き動かすモチベーション。興味がなければ、何も始まりません。

ですから、「マインドマップ」の始まりには「子どもの興味」が入ります。

それに繋がる形で書き込むのは、「子どもにやらせたいこと」。つまり、親の願い。

そして、さらにつなげて「今できること」を書き込んでください。シンプルにすると、次のような形になります。

子どもの興味 → **やらせたいこと** → **今できること**

次のページに、例を入れましたので、これを参考にしながら、子どもの夢とあなたの夢を合わせてください。

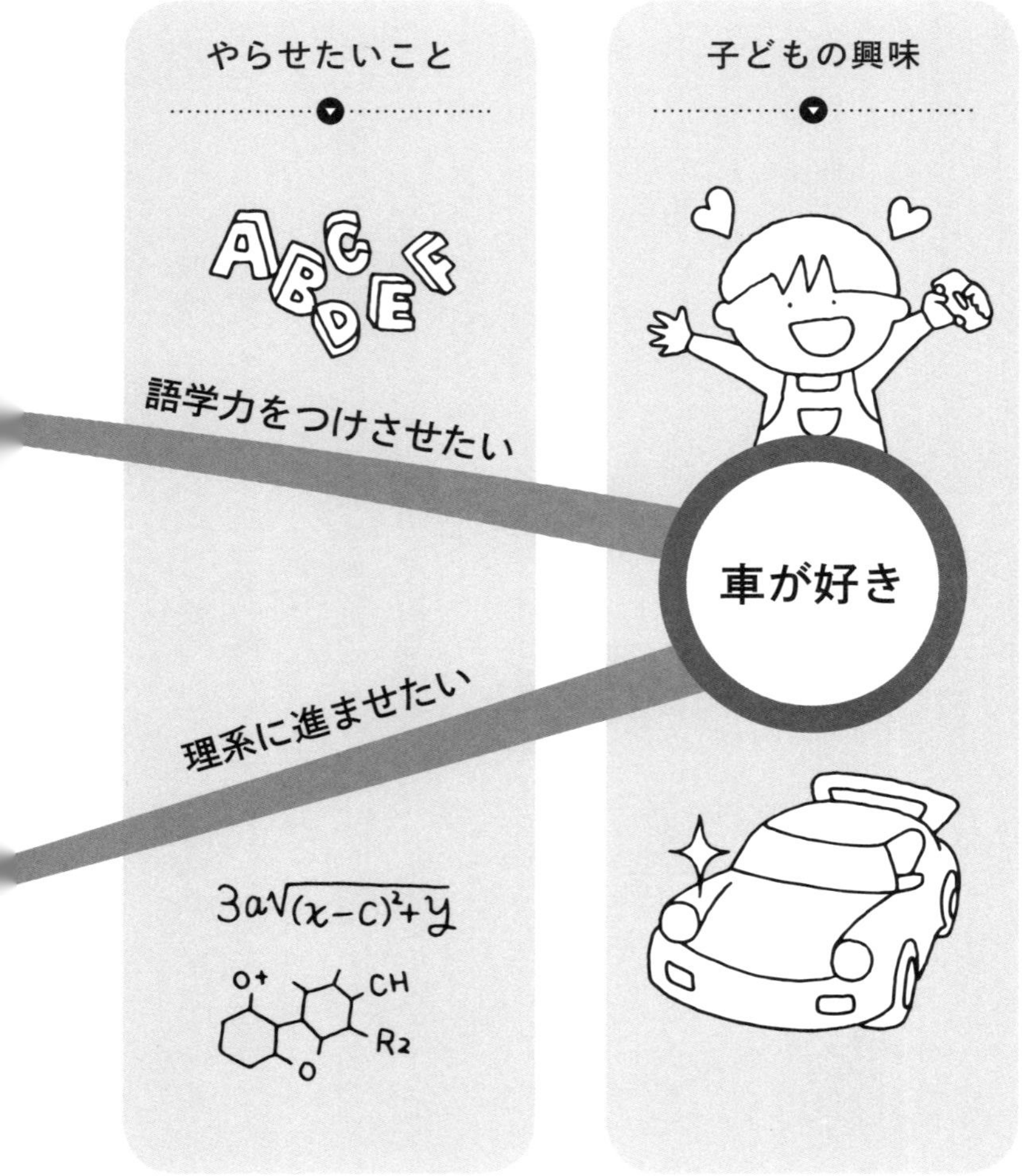
やらせたいこと
子どもの興味
語学力をつけさせたい
車が好き
理系に進ませたい
3a√(x−c)²+y
O+
CH
R2
O

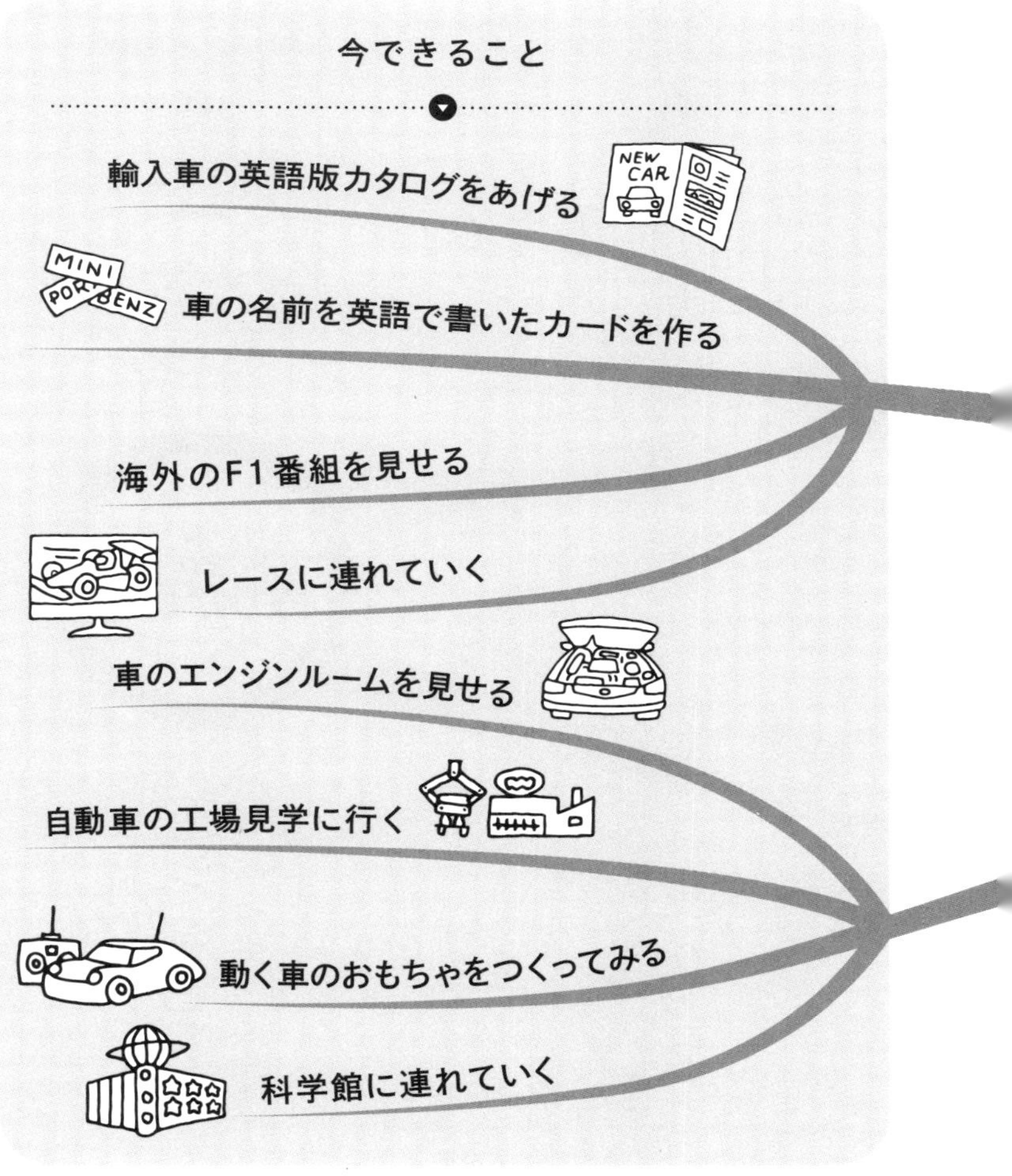
今できること
NEW CAR
輸入車の英語版カタログをあげる
MINI
POR
BENZ
車の名前を英語で書いたカードを作る
海外のF1番組を見せる
レースに連れていく
車のエンジンルームを見せる
自動車の工場見学に行く
動く車のおもちゃをつくってみる
科学館に連れていく

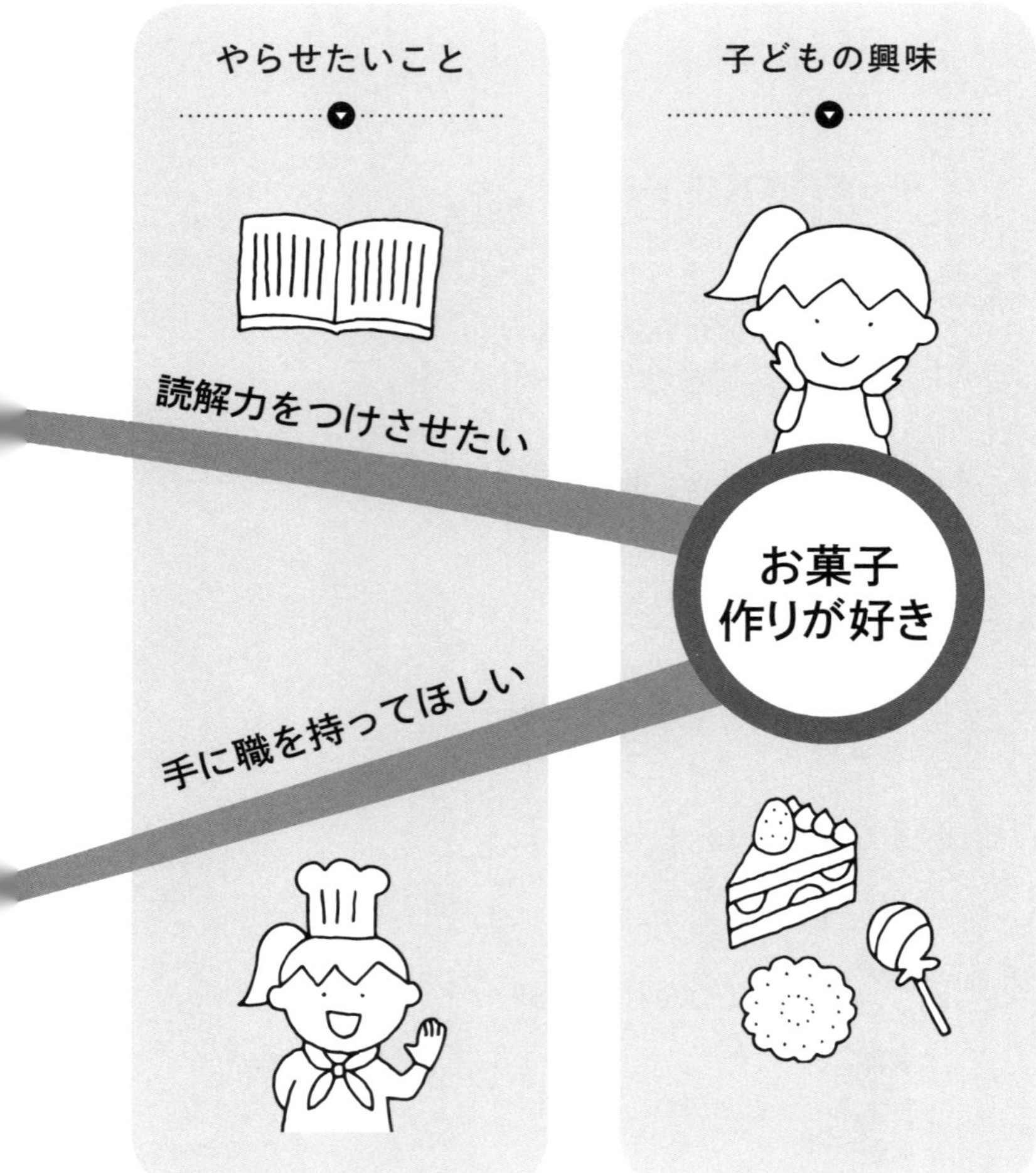
やらせたいこと
子どもの興味
読解力をつけさせたい
お菓子
作りが好き
手に職を持ってほしい

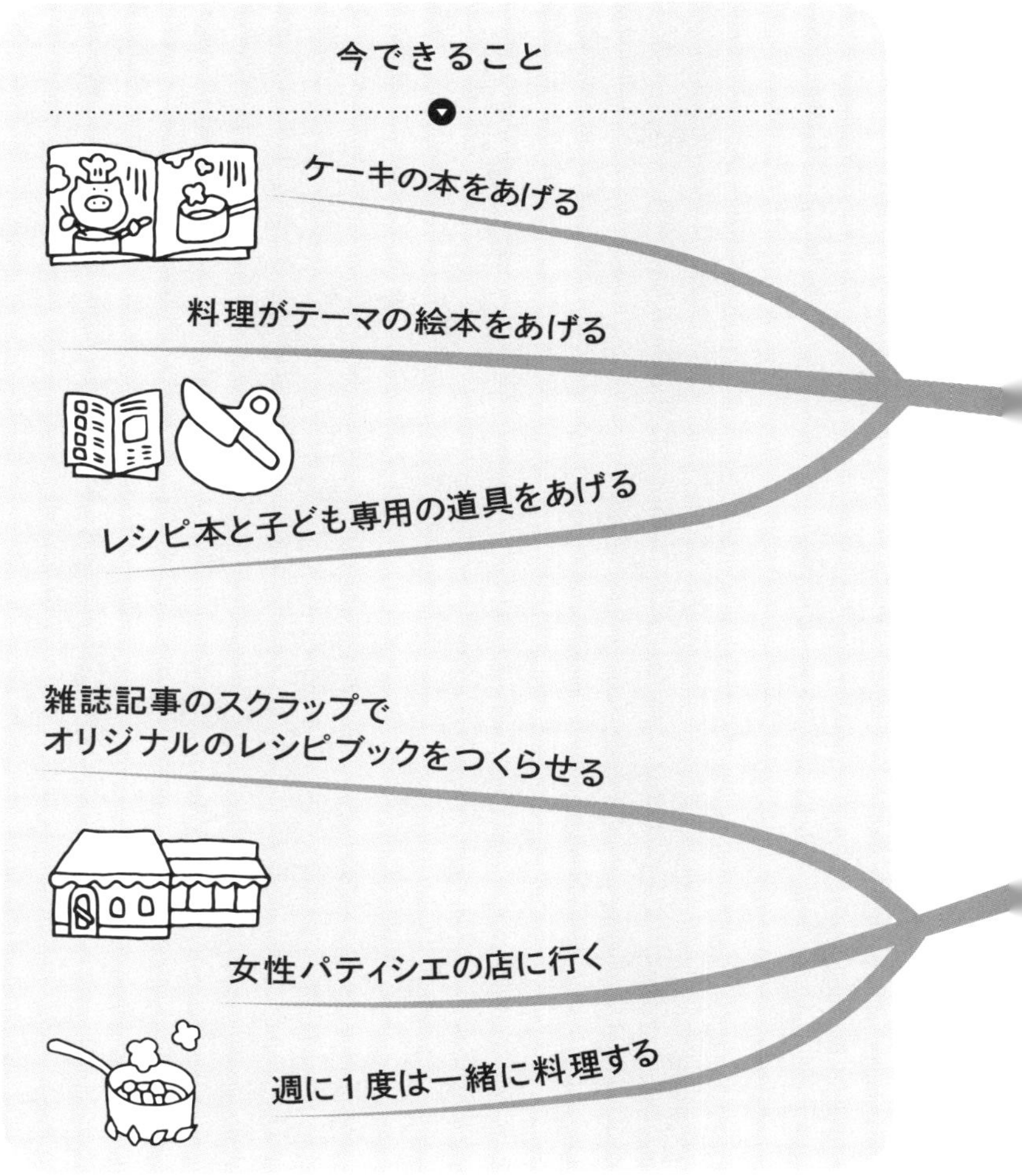
今できること
ケーキの本をあげる
料理がテーマの絵本をあげる
レシピ本と子ども専用の道具をあげる
雑誌記事のスクラップで
オリジナルのレシピブックをつくらせる
女性パティシエの店に行く
週に１度は一緒に料理する

子育ての悩みに答えをくれる「マインドマップ」

「マインドマップ」が有効なのは、子どもだけではありません。自分の心を知るため、そして不安を消すためにも使えます。子どものどこが不満なのか、どういうことで怒っているのか、それはなぜなのか、そして、その怒りを消すために、いま何ができるのか。書き出すことで自分の心が見えてきます。本当は何に怒っているのか、その怒りは正しいのか、あるいは間違っているのかが、くっきりと浮かび上がってきます。

そうすれば、自分がどうすればいいのかがわかるはず。子どもに対してどう働きかければいいかがわかるし、間違っていたことに気づけば、修正すればいいのです。

この場合のマインドマップは、次の順番で書きましょう。

頭にくる子どもの態度

↓

その理由

↓

今できること

もうひとつおすすめしたいのは、未来へのスケジュールが見えるマインドマップ。子どもに就かせたい職業など、理想の未来を書いて、「そのためにやらせたいこと」「今からできること」をつなげていくのです。

「理想の未来」は漠然としがちで、日常に紛れるうち、いつの間にか「実現不可能な夢」になってしまいやすいもの。でも、こうして目に見えるマインドマップにすれば、迷いはなくなります。

どのマインドマップも、絶対的なものではありません。状況が変わったり、子どもの、そして自分の気分が変わったら、そのたびに更新。新たな心地図をつくりましょう。最近はパソコンで簡単につくれる「マインドマッピング」のソフトもありますので、親子で楽しみながらつくるのもおすすめです。

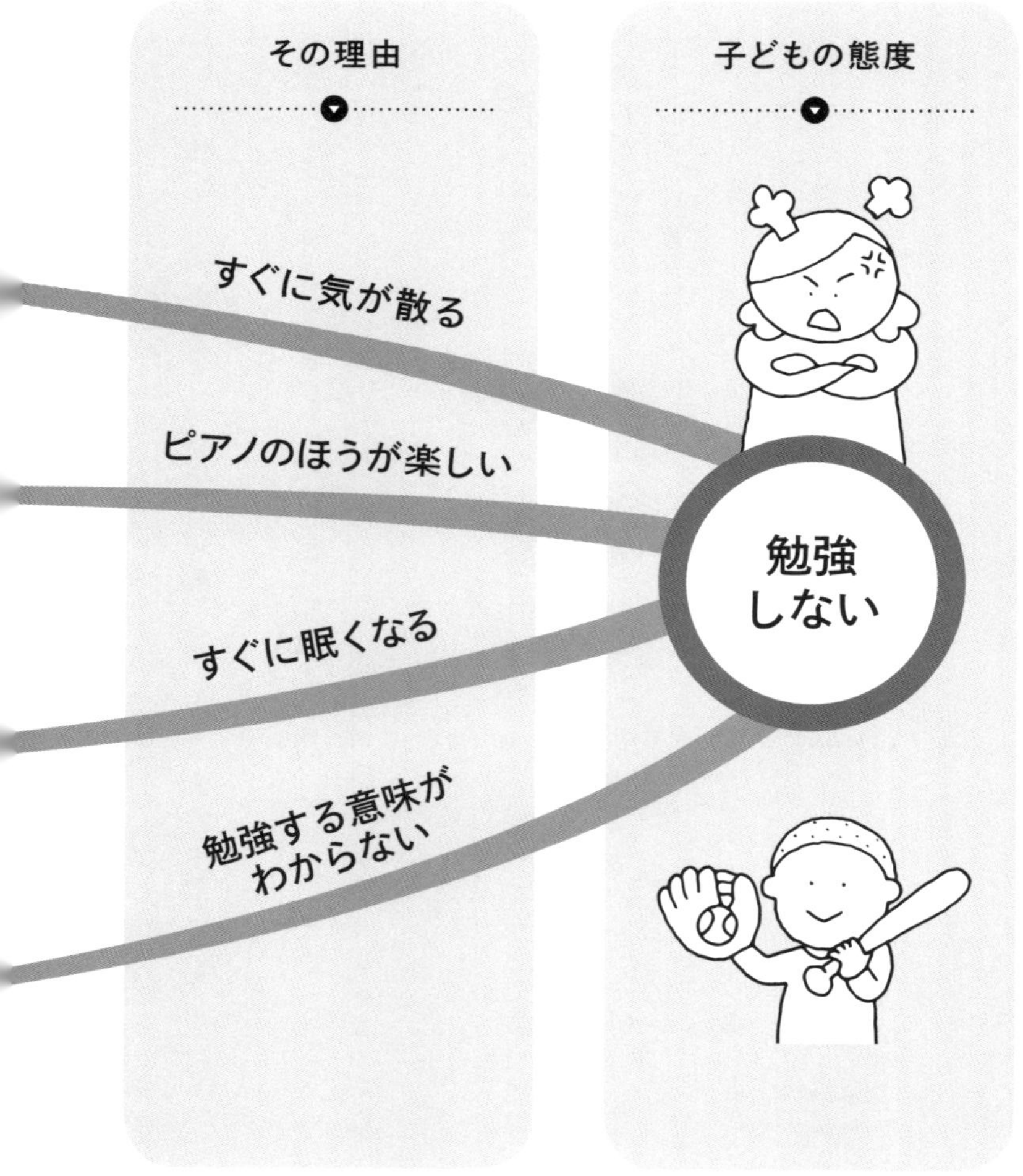
その理由
子どもの態度
すぐに気が散る
ピアノのほうが楽しい
すぐに眠くなる
勉強する意味が
わからない
勉強
しない

今できること

子ども部屋のインテリアを見直す

(91ページ参照)

タイムマネジメントで時間をつくる

(99ページ参照)

ポモドーロテクニックを取り入れる

(100ページ参照)

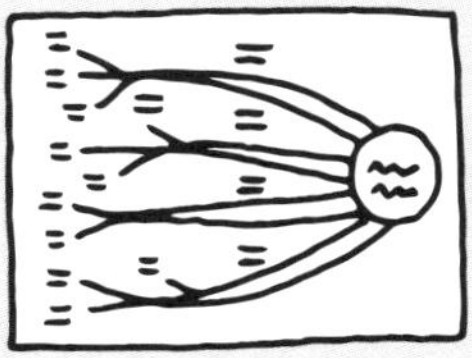

マインドマップをつくらせる

(160ページ参照)

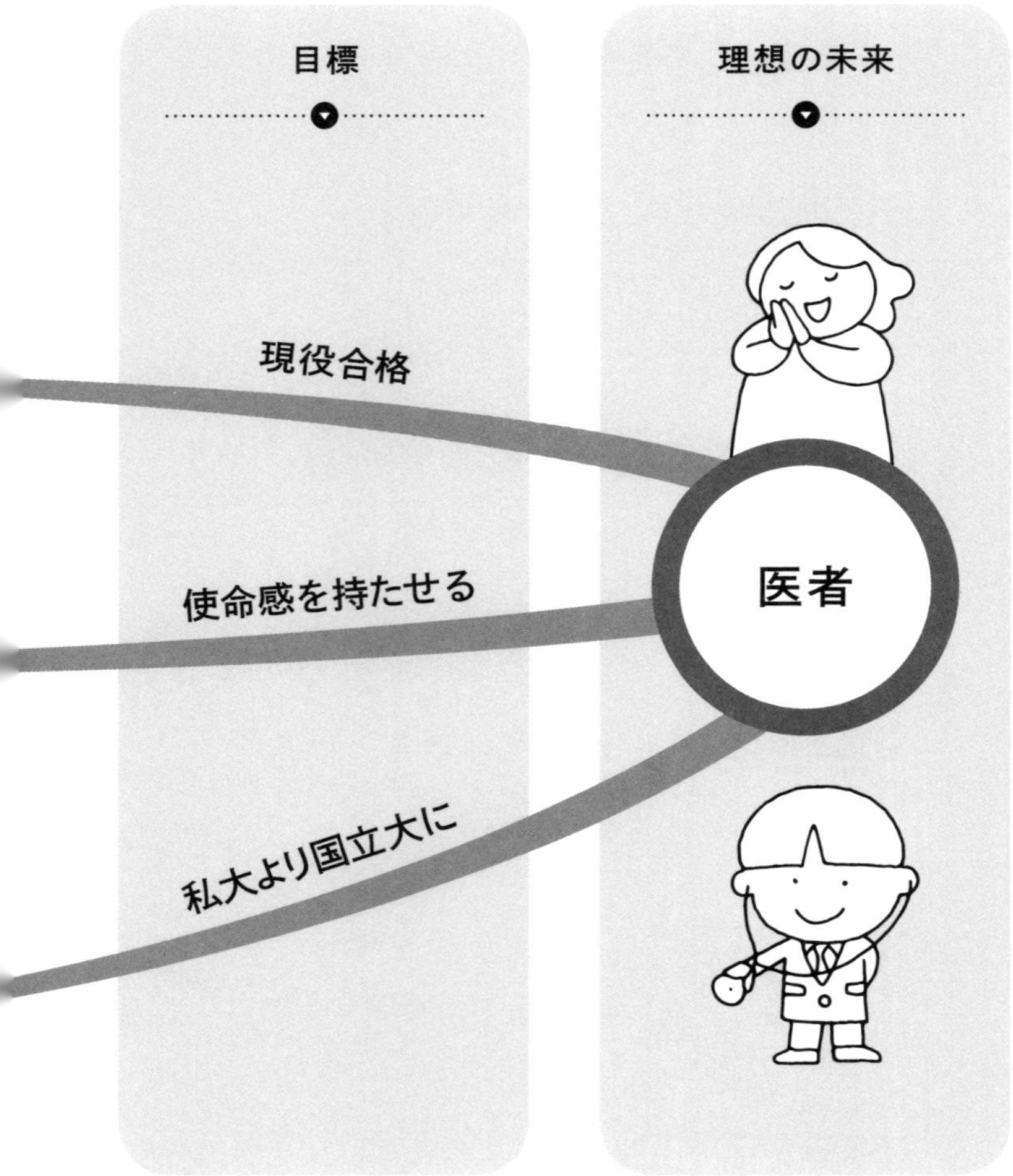
目標
理想の未来
現役合格
使命感を持たせる
私大より国立大に
医者

今からできること

塾を含めた教育費の貯金

名医のドキュメンタリーを見せる

中高一貫の進学校受験を目指す

13年経って、子どもに感謝されるには？

日々子どもに接していると、「子どもに振り回されている」と感じることが多いかもしれません。ワガママだったり、反抗期だったり、思いもよらないことをしでかしたりと、予測不能な子どもの行動にヘトヘト…という人も多いことでしょう。

しかし、好き勝手に生きているように見えて、子どもは親の影響を強く受けています。怒ってばかりの親では子どもは萎縮して育ち、イライラしてばかりの親では子どもは常に親の顔色をうかがうようになります。

勉強をしないとか親の言うことを聞かないとか悪いことばかりするとか、子どもに問題が起きたとき、多くの親は「この子をどうにかしなければ」と考えます。

しかし、子どもだけをなんとかしようとしても、たいていはうまくいきません。それはたとえていうなら、川の汚れを川岸だけでなんとかしようとするようなもの。きれいな水にするには、上流を変えなければならないことも、あるのです。

子育ても同じです。子どもを変えようとしても、それはうまくはいきません。なぜなら、子どもは親の影響下で生きているから。言ってみれば子どもは親の鏡のようなもの。親のあり方が、子どもにくっきりと表れるのです。

子どものココロは、親次第なのです。

他の子どもと比べたり、テレビや雑誌などの情報に迷いが生じることは、よくあることでしょう。「テレビで○○先生がこう言ってたから」というように、専門家の意見を取り入れることは、悪いことではありません。ただし、子どもをよく見て、子どもに合っているなら、ですが。

本当の子どもの姿をよそに、人の意見に動かされたり、他の子どもと比べるのは、ダイエットを決意したのにカフェでケーキを頼んでしまうようなもの。意志の力が弱くなっている証拠です。

まずは、目の前の子どもを見て、きちんと向き合うこと。

そこからすべてが始まります。そして、もし誰かの意見に惑わされそうになったり、感情のままに叱りつけたいという誘惑や衝動が襲ってきたら、ウィルパワーを思い出してください。自分をコントロールすることができれば、子育てはもっとラクになります。

そして、ウィルパワーは必ず感染します。

ウィルパワーのある親に育てられた子どもは、自分をコントロールする力を身につけています。そうすれば、誰かに言われなくても勉強し、夢に向かって歩くようになるのです。

そんなふうに育てられた子どもは、いつか必ず、「自分はいい育てられ方をした」と実感する日が来ることでしょう。自分の可能性を絞ることなく、ウィルパワーを身につけさせてくれたことに感謝するはずです。結果を急いではいけません。きっと13年経てば、必ずあなたのお子さんは素晴らしい大人になって、親であるあなたに感謝しているはずです。

「子育てがラクになる方法」は、世の中にあふれています。しかし、それが子どもに向かっている限り、ラクにはならないのではないかと僕は考えています。どんなときも、変わるのはまず自分。たとえ子どもであっても、人を変えようとするのは無理なのです。自分が変われば、当たり前だったことがすべて変わります。もちろん、子どもも変わります。そして訪れるのが、ラクで楽しい子育て。親も子もハッピーな状態です。

そんな境地が訪れることを、心から願っています。

参考文献リスト

『WILLPOWER 意志力の科学』

ロイ・バウマイスター、ジョン・ティアニー（インターシフト）

『やってのける ～意志力を使わずに自分を動かす～』

ハイディ・グラント・ハルバーソン（大和書房）

『スタンフォードの自分を変える教室』

ケリー・マクゴニガル（大和書房）

『図解でわかるスタンフォードの自分を変える教室』

ケリー・マクゴニガル（大和書房）

『親業―子どもの考える力をのばす親子関係のつくり方』

トマス ゴードン（大和書房）

『ポジティブ心理学の挑戦〝幸福〟から〝持続的幸福〟へ』

マーティン・セリグマン（ディスカバー・トゥエンティワン）

『影響力の武器［第三版］：なぜ、人は動かされるのか』

ロバート・B・チャルディーニ（誠信書房）

『影響力の正体 説得のカラクリを心理学があばく』

ロバート・B・チャルディーニ（SBクリエイティブ）

『影響力の武器 実践編―「イエス!」を引き出す50の秘訣』

N.J.ゴールドスタイン、S.J.マーティン、R.B.チャルディーニ（誠信書房）

『子どもが育つ魔法の言葉』

ドロシー・ロー ノルト、レイチャル ハリス（PHP研究所）

『子どもの心のコーチング 一人で考え、一人でできる子の育て方』

菅原裕子（PHP研究所）

『ザ・マインドマップ』

トニー・ブザン、バリー・ブザン（ダイヤモンド社）

『ペンとノートで発想を広げる〝お絵描き〟ノート術
マインドマップ(R)が本当に使いこなせる本』

遠竹智寿子（アスキー・メディアワークス）

『マインドマップ(R) for kids勉強が楽しくなるノート術』

トニー・ブザン（ダイヤモンド社）

DaiGo（ダイゴ）

人の心を読み、操る技術〝メンタリズム〟を駆使する日本唯一のメンタリスト。TV番組へ出演多数、著書は累計80万部突破のベストセラーに。大手企業の経営戦略パートナー、研修や講演、コンサル、教育誌の連載、政治家への指導なども手がける。主な著書に『一瞬でＹＥＳを引き出す 心理戦略。』『男女脳戦略。』（ともにダイヤモンド社）、『人を操る禁断の文章術（かんき出版)』。ビジネスやコミュニケーションに使える心理術を無料公開中。詳しくは http://www.daigo.me まで。

STAFF

取材・編集　堀田康子
撮影　宮濱祐美子
デザイン　早坂美緒（テイクオフ）
イラスト　村上智行（テイクオフ）
ヘアメイク　永瀬多壱（VANITES）　茂手山貴子
スタイリング　三枝 綾
校閲　K.I.A
編集担当　深山里映

衣装協力　LANVIN en Bleu
取材協力　小山人志（ファクト）　大村 康（大村プロモーションルーム）
空閑香織　川上 渡
撮影協力　井川行華さん・行乃さん　伊藤晋之介くん　宇都宮里佳さん・祐太くん
加藤テッド孝英くん　笹林駿平くん　関 優弥くん　町井孝輔くん　深山 謙くん

子育ては心理学でラクになる

著　者　DaiGo
編集人　細野敏彦
発行人　永田智之
発行所　株式会社　主婦と生活社
〒104-8357　東京都中央区京橋 3-5-7
編集部　TEL　03-3563-5455　FAX　03-3563-0528
販売部　TEL　03-3563-5121
生産部　TEL　03-3563-5125
http://www.shufu.co.jp/
DTP　東京カラーフォト・プロセス株式会社
印刷所　太陽印刷工業株式会社
製本所　小泉製本株式会社

ISBN978-4-391-14490-1